A. J. Russell (org.)

FALE COM DEUS

Um Diário Devocional

Tradução:
CINTIA DE PAULA FERNANDES BRAGA

Editora Pensamento
SÃO PAULO

Copyright © 1935, 2005, 2006 Arthur James Ltd., uma divisão da John Hunt Publishing Ltd.

Copyright da edição brasileira ©2008 Editora Pensamento-Cultrix Ltda.

1ª edição 2008.

3ª reimpressão 2014.

Publicado na Grã-Bretanha por O Books, uma divisão da John Hunt Publishing Ltd.

Todos os direitos reservados. Nenhuma parte deste livro pode ser reproduzida ou usada de qualquer forma ou por qualquer meio, eletrônico ou mecânico, inclusive fotocópias, gravações ou sistema de armazenamento em banco de dados, sem permissão por escrito, exceto nos casos de trechos curtos citados em resenhas críticas ou artigos de revistas.

Dados Internacionais de Catalogação na Publicação (CIP)
(Câmara Brasileira do Livro, SP, Brasil)

Fale com Deus : um diário devocional / A. J. Russell (org.); tradução Cintia de Paula Fernandes Braga. — São Paulo : Pensamento, 2008.

Título original: God calling : a devotional diary.
ISBN 978-85-315-1557-6

1. Calendário devocional 2. Vida espiritual I. Russell, A. J.

08-09566 CDD-242.2

Índices para catálogo sistemático:
1. Devoções diárias : Reflexões : Conduta de vida : Cristianismo 242.2

Direitos de tradução para a língua portuguesa
adquiridos com exclusividade pela
EDITORA PENSAMENTO-CULTRIX LTDA.
Rua Dr. Mário Vicente, 368 — 04270-000 — São Paulo, SP
Fone: (11) 2066-9000 — Fax: (11) 2066-9008
E-mail: atendimento@editorapensamento.com.br
http://www.editorapensamento.com.br
que se reserva a propriedade literária desta tradução.
Foi feito o depósito legal.

Nota do Editor

É difícil avaliar o impacto de *Fale com Deus* nos últimos 70 e poucos anos desde sua primeira edição, já que durante a maior parte desse tempo ele esteve em domínio público nos Estados Unidos (estando agora novamente sob direitos autorais). Alguns estimam por alto que já foram vendidas de seis a dez milhões de cópias. As vendas internacionais ainda alcançam anualmente a casa dos seis dígitos, e sem dúvida o livro foi de grande influência em inúmeras vidas. Também tem sido uma obra controversa, e talvez porque as autoras tivessem desejado permanecer anônimas (um desejo que respeitamos), o boato maldoso de que estavam envolvidas com psicografia, ocultismo e bruxaria se espalhou por círculos eclesiásticos e livrarias cristãs e continua correndo até hoje. Como resultado, essas livrarias não o incluem em seus catálogos (e ainda mantêm essa política). Apesar disso, as vendas têm crescido constantemente ao longo dos anos.

Essa preocupação não tem a mínima base. As autoras, uma anglicana e outra católica romana, eram duas senhoras dotadas de uma profunda fé cristã. Eram professoras aposentadas e grandes amigas há muitos anos. Ambas tinham problemas financeiros e sofriam de câncer. Inspiradas pelo livro denominado *For Sinners Only,* escrito pelo jornalista londrino A. J. Russell, elas começaram a praticar a idéia sugerida por ele de ouvirem no silêncio diário o que Deus tinha a dizer e de anotarem os pensamentos que lhes fossem dados naqueles momentos. Elas descobriram que a prática era inestimável e escreveram agradecendo ao senhor Russell por sua sugestão, anexando à carta alguns de seus exercícios.

O autor tomou o próximo trem para Birmingham, pois viu ali um exemplo perfeito da prática que tinha recomendado, e pediu a permissão delas para compilar e publicar um livro com as palavras que Deus tinha dado a elas. As duas finalmente aceitaram, após muita insistência, com a condição de que seus nomes não fossem revelados. Dessa forma, o livro foi publicado pela primeira vez na Inglaterra com título de *God Calling: by Two Listeners, with an introduction by Mr. Russell.* Os direitos autorais foram finalmente passados a Arthur James Russell, que fundou a editora cristã Arthur James Ltda. A última autora faleceu no final dos anos 60.

Por que este livro ainda é tão popular? Ele contraria a cultura moderna de liberdade de costumes e egocentrismo, mas apenas aqueles que passaram por dores e preocupações é que podem escrever com convicção sobre paz interior. A mensagem de consolo e esperança que inspira todas as páginas de *Fale com Deus* foi forjada na adversidade, e como resultado tem tocado o coração de milhões de pessoas, tornando este livro um dos *best-sellers* devocionais mais vendidos de todos os tempos.

AS DUAS OUVINTES

A. J. RUSSELL*

Eu NÃO escrevi este livro. Estaria extremamente orgulhoso se o tivesse feito.

Minha simples tarefa foi a de preparar *Fale com Deus* para a publicação e de apresentá-lo ao público, o que não foi trabalho algum, mas um privilégio.

Uma lenda conta que o louvor pela construção da Catedral de Santa Sofia não foi atribuído ao Imperador Constantino, mas a Eufrásia, uma viúva pobre que tirou de seu colchão um "fio de palha e o deu aos bois" que puxavam o mármore dos navios. Foi só isso; ela não fez mais nada.

Não apenas uma pessoa, mas duas escreveram este livro, e elas não buscaram reconhecimento, preferindo permanecer anônimas e serem chamadas de "Duas Ouvintes". O que afirmavam, no entanto, era surpreendente: as mensagens tinham sido entregues a elas, aqui na Inglaterra, pelo próprio Cristo.

---

* Escrito pela primeira vez em 1935; revisto em 1949.

Depois de lê-las e de ouvir como tinham sido recebidas, acreditei nas duas. Por que se deveria pensar que o Espírito Santo, que habita em todos os seguidores de Cristo, é um espírito silencioso? As provas mostram totalmente o contrário. Eu sei que Ele tem falado comigo às vezes; por que não aos outros, e, em especial, às Duas Ouvintes?

É Dele a voz gentil que ouvimos
Suave como a brisa vespertina
Que corrige todo erro, que acalma todo medo
E que nos conta do Céu o segredo.

Eu não acredito obviamente que o Espírito de Cristo revelou a elas todas essas Meditações nem a totalidade do que pretende dizer a esta geração, mas tenho certeza de que, habitando nelas, Ele abriu seus olhos para diversos ensinamentos que todos precisam muito saber.

Eu não acredito na inspiração divina deste ou de qualquer outro livro, mas creio que essas duas mulheres foram guiadas pelo Espírito e que muito do que está escrito aqui é realmente muito evidente.

Quanto a mim, encontrei consolo espiritual nessas mensagens. Mas essa afirmação é tão inadequada quanto seria afirmar que eu gosto da Inglaterra. Desde o início senti que ninguém que não fosse um cristão em intimidade com o Espírito Santo poderia ter escrito este livro e então — e isso pode ter aumentado ainda mais a minha própria fé nisso — alguns dias depois de eu ter começado hesitantemente a organizá-lo tive uma visão espiritual de sua maravilhosa natureza, visão essa que para mim foi realmente "nascida do Espírito".

A HISTÓRIA de como *Fale com Deus* foi escrito é contada no capítulo a seguir, tirado de "A Voz Divina": Duas mulheres pobres e corajosas estavam lutando contra a doença e a miséria, enfrentando um futuro sem esperanças, e uma delas até mesmo desejava realmente partir desse mundo. E então Ele falou. E falou novamente!

Dia após dia Ele vinha e as encorajava, e, apesar de ainda terem tribulações, elas tinham alegria e uma nova coragem, pois Ele as inspirava com Suas promessas para o futuro, quando Seu propósito amoroso seria revelado, e gentilmente as admoestava quanto à sua incredulidade.

Abra este livro em qualquer página e prove sua beleza. Medite em suas frases suaves. Deixem que sua maravilhosa profundidade penetre em seu espírito.

Você perdeu a fé? Medite em qualquer uma de suas pequeninas seções e ela voltará, como a de uma criança. Pode ser que você não veja o Cristo de pé ao seu lado com Seu sorriso de encorajamento confiante; mas você saberá que Ele está ali, como sempre esteve, e ainda espera grandes coisas de você e está sempre pronto a ajudá-lo a conquistá-las.

Se o inverno vier — você tem medo da pobreza? Volte-se novamente a estas páginas e encontrará a Lei do Suprimento: Dai e dar-se-vos-á. Dê seu amor, seu tempo, sua simpatia, você mesma; dê tudo o que tem, sob Sua orientação direta, a todos os que necessitarem; dê tanto aos que merecem quanto aos que não merecem.

A saúde se foi? Você não obteve melhora, apesar de ter orado muito e freqüentemente? Aqui também você encontrará o incenso da cura.

Acima de tudo, você compreenderá por que Ele não tirará o ouro do cadinho até que toda impureza tenha sido queimada, e que você tenha tomado a forma gloriosa de seu eu verdadeiro, que apenas os olhos Dele já previram. Seu eu verdadeiro, lembre-se, é aquele que Ele e você estão criando agora, no tempo, para toda a eternidade.

★ ★ ★ ★

Você não pode comer mel o dia inteiro e nem ler este livro de uma só vez, apesar de poder consultá-lo todos os dias e várias vezes por dia, em momentos aleatórios, de dificuldade ou de confusão, em casa ou longe dela. Pode se voltar para ele no calor de uma súbita crise ou quando entregar sua vontade própria e se vir calmo e cheio de paz interior, como milhares de pessoas já fizeram, quer morem sozinhas em uma cabana à beira do caminho ou compartilhem da vida e da atividade de um palácio real.

Você pode abrir suas páginas quando os pássaros estiverem cantando ao sol, e, à medida que o ler, a canção deles ecoará em seu espírito e para você também será um hino de seu amor a nosso Criador-Salvador-Amado.

Coloque este livro de "Oração Diária" em seu bolso, na sua mochila, na mesa de cabeceira. Dê uma cópia dele a seus amigos. Busque continuamente inspiração para seu espírito e busque viver sua vida diária em intimidade com o Mestre.

Por meio dessas mensagens entregues a duas mulheres solitárias, você descobrirá que também não está sozinho e solitário, mas unido com nosso Grande Companheiro e Guia, cuja mensagem diária e sempre nova é: "Eis que estou convosco todos os dias, até a consumação dos séculos."

A VOZ DIVINA

POR UMA DAS "DUAS OUVINTES"

Eu estava sentada no saguão de um hotel, no outono de 1932, quando uma conhecida passou e me deu uma cópia de *For Sinners Only*, perguntando-me se eu já tinha lido o livro. Eu respondi negativamente e ela o deixou comigo.

Quando voltei para casa, comprei uma cópia para mim mesma. Fui estranhamente afetada pelo livro e desejei que todos os meus amigos o lessem imediatamente. Na verdade, fiz uma lista de mais de cem pessoas a quem gostaria de enviá-lo. Como eu não era rica, esse desejo precisou se limitar a duas cópias, que emprestei a várias pessoas as quais ele pareceu não influenciar muito.

Alguns meses mais tarde, eu o li de novo e foi então que me veio o persistente desejo de tentar descobrir se conseguiria obter alguma orientação do tipo daquela relatada por A. J. Russell, compartilhando momentos de comunhão com Deus com uma amiga com quem eu estava morando. Ela era uma mulher profundamente espiritual dotada de uma fé inabalável na bondade de Deus, e uma crente devota na oração, apesar de sua vida não ter sido fácil.

Eu era mais cética, mas, como ela concordou comigo, sentamo-nos com lápis e papel nas mãos e esperamos. Isso aconteceu em dezembro de 1932.

O resultado foi totalmente negativo para mim. Partes do texto iam e vinham e em seguida minha mente se desviava para pensamentos corriqueiros. Eu me concentrava repetidas vezes, mas sem sucesso. Até hoje não consigo receber orientação quando estou sozinha.

Algo maravilhoso aconteceu, porém, quando me uni à minha amiga. Desde a primeira, lindas mensagens foram dadas a ela, e desde então nunca nos falharam um só dia.

Nós nos sentimos indignas e sobrecarregadas por suas maravilhas e quase não podíamos acreditar que *nós* estávamos sendo instruídas, treinadas e encorajadas dia a dia e pessoalmente por Ele, quando milhões de almas, muito mais valorosas do que nós, precisavam se contentar com a orientação da Bíblia, dos sermões de suas igrejas, de livros e de outras fontes.

Nós certamente não éramos videntes nem especialmente evoluídas espiritualmente; éramos apenas seres humanos muito normais, que tinham tido mais sofrimento e preocupações do que a maioria e que tinham vivido tragédia após tragédia.

★ ★ ★ ★

A VOZ DIVINA

A suave compreensão de alguns em relação às mensagens de Deus era às vezes quase de se partir o coração, mas suas repreensões amorosas não os feriam.

Sempre e diariamente Ele insistia em que fôssemos canais de Amor, Alegria e Riso em Seu mundo perdido, revelando-nos o Homem de Dores sob um novo aspecto.

Nós, ou melhor, eu, descobri que para mim esse mandamento era muito difícil de ser obedecido, apesar de ser simples para outras pessoas. Como poderia rir e encorajar os outros, estar sempre feliz em dias cheios de dor e noites torturadas pela insônia crônica, tendo pobreza e preocupação insuportáveis como porção diária, quando a oração continuava sem resposta e a face de Deus velada, e novas calamidades caíam sobre nós?

Ainda assim recebíamos a ordem insistente de amar, rir e levar alegria às vidas com as quais entrávamos em contato. Uma de nós, arrasada, teria de bom grado parado de lutar e passado para outra vida mais feliz.

No entanto Ele nos encorajava diariamente, dizendo que não quebraria os instrumentos que tencionava usar, e que não deixaria o metal no cadinho por mais tempo do que o necessário para queimar suas impurezas. Ele nos exortava continuamente a não desanimar e falava da alegria que o futuro nos reservava.

★ ★ ★ ★

ELE nos dava interpretações totalmente inesperadas de Suas próprias palavras.

Falava de uma forma diferente das visões Dele mesmo, que até então pensávamos ser concedidas apenas aos mais santos, e, mais importante de tudo, do imenso poder dado a *duas* almas orando juntas em íntima união, unas em seu desejo de amá-Lo e servi-Lo. Como outros provaram, "tal união pode, nas mãos de Deus, realizar coisas tão grandes que com certeza entrarão em ação forças inimigas cujo propósito é acabar com a amizade". E foi isso mesmo que descobrimos na prática.

Algumas das mensagens são de surpreendente beleza. A linguagem majestosa da de 2 de dezembro, a inevitabilidade do sofrimento, de 23 de novembro, e a explicação sobre a aplicação prática da Lei do Suprimento, em 5 de dezembro são exemplos disso.

Outras podem parecer confusas, porque referências pessoais e repetições precisaram ser excluídas.

Para nós, então, este livro não é uma obra comum, pois cremos que foi inspirado por nosso próprio Senhor.

Ele foi publicado após muita oração, para provar que o Cristo vivo ainda fala hoje, que nenhum detalhe é insignificante para o seu cuidado e que Ele se revela agora mesmo como sempre se revelou, Servo Humilde e Criador Majestoso.

JANEIRO

Entre os anos. 1º de janeiro

*Nosso Senhor e nosso Deus. Nós nos alegramos em Ti.
Sem Teu auxílio não poderíamos encarar
sem temor o ano que começa.*

Eu me coloco entre os anos. A Luz de Minha Presença, irradiando o Sol de Justiça, se estende por todo o ano que se inicia. Minha Sombra se lança para trás, em direção ao que se passou, ocultando problemas, dores e desapontamentos.

Não permaneçam no passado — apenas no presente. Usem o que se foi apenas como as árvores utilizam Minha Luz do Sol, para absorvê-la, para transformá-la, nos dias vindouros, em raios de fogo caloroso. Desse modo, guardem apenas as Minhas bênçãos, pois Eu sou a Luz do Mundo. Encorajem-se pensando nisso.

Enterrem todo medo do futuro, da pobreza de seus entes queridos, de sofrimento e de perda. Enterrem todo pensamento de embrutecimento, de amargura, todos os seus desgostos, seus ressentimentos, sua sensação de fracasso, seus desapontamentos com outros e com vocês mesmas, sua melancolia, seu desespero, e deixem-nos todos enterrados, avançando para uma vida nova e em ascensão.

Lembrem-se de que vocês não devem ver as coisas como o mundo as vê. Eu seguro o ano em Minhas Mãos, guardado para vocês. Eu as guiarei, porém, um dia de cada vez.

Deixem o resto Comigo. Não fiquem ansiosas pelas bênçãos, por causa de algum medo ou preocupação com os dias que virão, pois Eu suprirei a sabedoria e a força necessária a cada dia.

Braços de amor.   2 de janeiro

Vocês precisam ajudar a salvar outros. Nunca deixem que se passe um dia sequer sem terem estendido um braço de Amor para alguém de fora de sua casa: um bilhete, uma carta, uma visita, qualquer tipo de ajuda.

Encham-se de Alegria. A Alegria salva. A Alegria cura. A Alegria em Mim. A cada raio de luz do sol, a cada sorriso, a cada ato de gentileza, a cada pequeno serviço — alegria.

Façam algo a cada dia para erguer outra alma do mar do pecado, da enfermidade ou da dúvida na qual o ser humano caiu. Eu ainda hoje caminho às margens do lago e chamo meus discípulos para me seguirem e para se tornarem pescadores de homens.

A mão auxiliadora que ergue os desamparados à coragem, à luta, à fé, à saúde, é necessária. Amor e riso. Amor e riso são os sinalizadores da fé, da coragem e do sucesso. Continuem confiando, continuem amando, continuem se alegrando.

Recusem-se a se abaterem. Recusem-se a serem detidas em sua subida para o alto. Amem e riam. Eu estou com vocês. Eu levarei suas cargas. Joguem seus fardos sobre mim e Eu as sustentarei. E então, com leveza, vocês se voltarão para ajudar outros com a carga que pesa demais sobre as costas deles.

Quantas cargas vocês poderão aliviar nesse ano que começa? Quantas almas poderão ajudar?

É ao darem que receberão: "Em boa medida, recalcada, sacudida e transbordante." Eu, o seu Senhor, o disse.

O caminho se abrirá.   **3 de janeiro**

Mas os que esperam no Senhor
renovarão as suas forças.
— Isaías 40:31.

Vocês devem ser renovadas, recriadas. Cristo, Cristo, Cristo. Tudo deve descansar em Mim. A Força vem do descanso. Apenas o Amor é uma força conquistadora. Não temam, Eu as ajudarei.

Sejam canais, as duas. Meu Espírito fluirá, e, através d'Ele e do seu fluir, toda a amargura do passado será definitivamente afastada.

Animem-se: Deus ama, Deus ajuda, Deus luta, Deus vence. Vocês verão. Vocês saberão. O caminho se abrirá. Dia a dia será revelado a vocês tudo o que Meu Amor já planejou e tudo o que Meu Amor já pensou. Aprendam apenas. Sejam simplesmente como crianças. Uma criança nunca questiona os planos. Ela os aceita com alegria.

Não façam planos.   4 de janeiro

Mostra-nos Teu Caminho, Senhor, e faze-nos andar nele.
Guia-nos em Tua Verdade e nos instrui.

Está tudo bem. Maravilhas estão acontecendo. Não limitem absolutamente Deus. Ele cuida e provê.

Arranquem o ego pela raiz, pois é ele quem bloqueia os canais. Não façam planos com antecedência, pois o caminho se desvendará passo a passo. Deixem Comigo a carga do amanhã. Cristo é Aquele que carrega suas cargas. Vocês não podem levar as d'Ele, e Ele só espera que vocês levem sua pequena porção diária.

Não guardem nada. 5 de janeiro

AMEM-Me e façam Minha vontade. Nenhum mal acontecerá a vocês. Não se preocupem em nada com o amanhã. O ato de descansar em Minha presença trará a Paz. Deus ajudará vocês. O desejo traz a realização. A paz, como um rio tranqüilo correndo limpo, leva com ela toda irritação.

Vocês serão instruídas, continuem com esses momentos de oração, mesmo se eles parecerem infrutíferos. O inimigo tentará interrompê-los de todas as maneiras. Não dêem atenção a ele. Ele dirá que espíritos do mal poderão entrar. Não dêem atenção a ele.

Façam com que seus nervos descansem. Nervos cansados impedem o Poder de Deus, e não são um reflexo dele. Tenham esperança constante.

Não tenham medo da pobreza. Deixem que o dinheiro flua livremente. Eu o farei fluir para vocês, mas vocês deverão deixá-lo fluir em direção a outros. Eu nunca envio dinheiro para que ele fique estagnado, mas apenas para aqueles que o passam adiante. Não guardem nada para vocês mesmas. Não guardem nada. Apenas tenham aquilo de que precisam e o que usam. Essa é Minha Lei de Discipulado.

Estejam de prontidão e alerta.   6 de janeiro

Guia-me, ó Grande Jeová
Peregrino sou em terra estranha.
Sou frágil, mas Tu és poderoso,
Guia-me com Tua Mão de poder.

Vocês devem orar. O caminho se abrirá. Deus vela por seus planos, que se concretizarão. Apenas amem e esperem.

O Amor é a chave. Nenhuma porta é intransponível para Ele.

O que vocês têm a temer? Ele não tem cuidado de vocês e protegido vocês? Continuem esperando. Esperem alegremente. Esperem com certeza. Tenham calma, calma em Meu Poder.

Nunca negligenciem esses momentos; orem, leiam a Bíblia e pratiquem a disciplina. Esse é seu trabalho — o Meu é usá-las. Mas Meus instrumentos devem estar de prontidão e alerta. Então Eu os usarei.

Disciplinem-se e aperfeiçoem-se a todo custo. Façam isso, e logo cada pensamento fugaz será respondido, cada desejo gratificado, cada ato usado. É um Poder temível, um Poder tremendo. Cuidado para não pedirem nada errado, nada que esteja em desacordo com Meu Espírito.

Todo pensamento nocivo deve ser eliminado. O poder dos milagres pode se transformar em bruxaria em mãos erradas. Vejam a importância que dou à pureza e à bondade em suas vidas. É por isso que, em breve, muito em breve, vocês pedirão e receberão imediatamente. Recebam com alegria o treinamento. Sem ele, Eu não ousaria dar a vocês esse Poder, pois ele seria prejudicial.

Não se preocupem com as vidas dos outros. Tudo acabará bem. Aperfeiçoem-se primeiro em Minha Força.

A pérola secreta. 7 de janeiro

*Olha para nós com Teu favor, Senhor,
enquanto contemplamos "essa terra longínqua"
e ainda assim tão próxima aos olhos
que vêem e aos ouvidos que ouvem.*

ESPEREM. As maravilhas estão se desvendando. Tremam, maravilhadas. Nenhum homem pode resistir ao limiar da Eternidade sem tremer. Eu dou a vocês a Vida Eterna. Um dom gratuito, um presente maravilhoso: a Vida para Sempre.

O Reino chega silenciosamente. Ninguém pode julgar o momento em que Ele penetra no coração do ser humano, somente a partir dos frutos. Ouçam silenciosamente. Às vezes pode ser que não recebam nenhuma mensagem. Continuem se encontrando, no entanto, da mesma maneira. Vocês absorverão a atmosfera.

Cultivem o silêncio. "Deus fala no silêncio." Um silêncio, um vento suave. Cada um deles pode ser uma mensagem que comunica Meu intento ao coração, apesar de não o fazer por qualquer voz ou mesmo palavra.

Cada palavra ou pensamento seu pode ser como uma pérola que vocês deixam cair no esconderijo de outro coração, e, em algum momento de necessidade, aí está! O recipiente encontra o tesouro e descobre pela primeira vez seu valor.

★   ★   ★   ★

Não estejam dispostas demais a *fazer*, apenas a *ser*. Eu disse: "*Sejam* perfeitos", e não, "Façam coisas perfeitas". Entendam bem isso. Os esforços individuais de nada valem. É somente o trabalho do Espírito Universal, o Meu Espírito, que conta.

Mantenham seu pensamento nisso, mais e mais, pois os santos levaram a vida inteira para compreendê-lo.

O Amor fecha portas.　　　　　　　　8 de janeiro

A VIDA Comigo não é imune *a* dificuldades, mas é paz no meio delas. Freqüentemente Eu as guio por meio de portas fechadas. O amor tanto fecha quanto abre.

A felicidade é o resultado da aceitação confiante de Minha Vontade, quando ela *não* parece feliz.

São Paulo, meu servo, aprendeu essa lição das portas fechadas quando disse: "nossa leve e momentânea tribulação conquista para nós um peso muito maior e eterno de glória". Esperem adversidades até que tenham aprendido isso, pois esse é o único caminho.

A felicidade é a filha da calma.

Nada de tensão. 9 de janeiro

FIQUEM calmas, não importa o que aconteça com vocês. Descansem em Mim. Sejam pacientes e deixem que a paciência faça seu trabalho perfeito. Nunca pensem que estão sendo derrotadas pelos acontecimentos. Como podem ser derrotadas, se estou com vocês?

Não sintam a tensão da vida. Não há tensão para Meus filhos. Não vêem que sou o Luthier Mestre? Não formei cada parte de meus instrumentos? Não sei exatamente o que cada uma delas pode suportar sem tensão? Será que eu, o criador de um objeto tão delicado, pediria dele algo que o pudesse destruir ou distender?

Não! A tensão só ocorre quando vocês estão servindo a outro mestre, ao mundo, à fama, à opinião de homens, ou levando a carga de dois dias em um só.

Lembrem-se de que isso não deve acontecer.

Influência. 10 de janeiro

QUANDO vocês vierem até Mim, e Eu der a vocês a Vida Eterna que concedo a todos aqueles que acreditam em Mim, toda sua existência será transformada: as palavras que vocês falam, a influência que exercem.

Elas são completamente eternas. *Devem* ser. Brotam da vida em seu interior, a Minha Vida, a Vida Eterna, de modo que também vivem para sempre. Agora vocês vêem como é vasto e maravilhoso o trabalho de toda alma que possui a Vida Eterna. As palavras, a influência, se estendem para sempre através do tempo.

Vocês devem ponderar nessas palavras que dou a vocês. Não são fatos supérfluos, mas os segredos do Meu Reino, as pérolas escondidas de grande preço.

Meditem nelas. Trabalhem nelas com suas mentes e corações.

A dor do amor. 11 de janeiro

CLAMEM a mim, e Eu as ouvirei e as abençoarei. Usem Minhas reservas ilimitadas para suas necessidades e as dos outros. Busquem Minhas verdades maravilhosas, e vocês as acharão.

Em alguns momentos vocês se sentarão em silêncio, quando parece que foram deixadas a sós. Então, Eu ordeno

— *ordeno* — que se lembrem de que falei com vocês, assim como falei em Emaús.

Mas houve o momento no Quarto Superior, após Minha Ascensão, em que Meus discípulos precisaram se consolar uns aos outros, dizendo: "Ele não nos falava ao longo do caminho?"

Vocês terão a consciência de Minha Presença quando não ouvirem nenhuma voz. Permaneçam naquela Presença. "Eu sou a luz do mundo", mas às vezes, em misericórdia amorosa, reprimo o brilho dessa luz, sua clareza ofuscante; vocês devem deixar de lado suas tarefas do dia a dia e trabalhar na Minha obra.

As almas não se sentam e bebem do êxtase do próprio Deus que se revela até que cheguem ao Céu. Nesse momento vocês são peregrinas e precisam apenas de Suas ordens diárias de marcha, de força e de orientação para o dia.

Oh! Ouçam minha Voz, ansiosa, alegremente. Nunca a abafem. Não tenho rivais e, se os seres humanos buscarem a tagarelice do mundo, Eu me retirarei.

A vida as feriu. Apenas vidas cheias de cicatrizes podem realmente salvar-se.

★ ★ ★ ★

Vocês não podem fugir à disciplina. Ela é o marco do discipulado. Minhas filhas, confiem sempre em mim. Nunca se revoltem.

A confiança que tiverem em mim hoje afasta a dor da rejeição do Meu Amor, que sofri na terra, e que tenho sofrido através dos tempos. "Eu morri por vocês, minhas filhas, vocês poderiam Me tratar desse modo?"

Agradecimento pelas tribulações. 12 de janeiro

Vocês precisam agradecer por tudo, até mesmo pelas aparentes tribulações e preocupações.

A alegria é a atitude grata de todo o ser. Agradeçam-Me. Alegrem-se. Rejubilem-se. Um pai ama ver seus filhos felizes.

Estou revelando muitas coisas a vocês. Passem isso adiante. Cada Verdade é uma jóia. Algum amigo pobre de espírito se alegrará com isso. Deixem cair uma dessas verdades aqui e acolá.

Busquem encontrar um coração que seja um lar para cada Verdade que revelei a vocês. Fluirão mais Verdades para o seu interior. Usem *tudo* que dou a vocês. Ajudem a outros. Eu estou ansioso para encontrar um caminho para o interior de cada vida e cada coração, para todos os que clamam esperançosos "Ainda assim, venha, Senhor Jesus".

Amigos invisíveis. 13 de janeiro

Nunca se desesperem, nunca desanimem. Sejam apenas um canal de auxílio aos outros.

Sejam mais solidárias e gentis para com os outros. Suas vidas não serão apenas sofrimento. O *ouro* não *permanece* no cadinho para sempre, mas *apenas* até que seja refinado. Eu já ouço a música e a marcha do exército invisível, alegrando-se com sua vitória.

Nenhum dos meus seguidores jamais tropeçaria ou cairia se o véu fosse retirado, esse véu que o impede de ver como esses tropeços alegram os espíritos malignos, e a dor e o desapontamento daqueles seres espirituais que esperam que eles vençam em Minha Força e em Meu Nome, e seu êxtase de júbilo quando a vitória é conquistada.

Minha força é *a mesma* do que aquela com a qual venci Satanás no Deserto, a depressão e a dor no Jardim e até mesmo a Morte no Calvário. Pensem nisso.

Poderoso e Maravilhoso. 14 de janeiro

As almas daqueles com quem caminho são verdadeiramente felizes. Caminhar Comigo significa segurança. O derramar de Meu Espírito e Seu trabalho em uma vida são imperceptíveis, mas o resultado é poderoso.

Aprendam Comigo. Matem o ego. Cada golpe no ego é usado para formar o seu verdadeiro, eterno e imperecível eu.

Sejam muito sinceras e rigorosas com vocês mesmas. "Foi o *ego* quem provocou essa atitude?" E, se a resposta for positiva, expulsem-no a todo custo.

Quando Eu morri na Cruz, personifiquei todo ego humano. Uma vez crucificado o ego, Eu pude conquistar até mesmo a morte.

Quando levei seus pecados em Meu próprio corpo na Cruz, Eu carreguei a natureza humana do ego do mundo. Quando vocês também matarem o ego, conquistarão o poder tremendo que Eu liberei para um mundo caído, e vocês também serão vitoriosas.

Não é a vida e suas dificuldades que vocês devem vencer, mas apenas seu ego. Eu disse a meus discípulos: "Tenho muitas coisas a vos dizer, mas não podeis suportá-las agora." Vocês não as compreenderiam. À medida que me obedecem, caminham Comigo e Me ouvem, porém, vocês o farão, e então verão as glórias e as maravilhas de minhas revelações e de meus ensinamentos.

Relaxem. 15 de janeiro

RELAXEM, não fiquem tensas, não temam. Tudo acontece para o bem. Como podem temer as mudanças quando sua vida está guardada Comigo em Deus, que não muda, e Eu sou o mesmo ontem, hoje e sempre?

Vocês devem aprender o equilíbrio, o equilíbrio da alma em meio a um mundo vacilante e cambiante.

Clamem pelo Meu poder, pelo mesmo poder com o qual Eu expulso demônios em sua época. Usem-no. Senão, Eu o retirarei. Usem-no sem medida.

Vocês nunca poderão pedir demais. Nunca pensem que estão ocupadas demais. Enquanto se voltarem para Mim e se reabastecerem após cada tarefa, nenhum trabalho será demasiado. Eu dou a Minha Alegria a vocês. Vivam nela. Banhem seu Espírito nela. Reflitam-na.

Amigos na lida.   16 de janeiro

São as lutas diárias que contam, e não os clímaces momentâneos. A obediência à Minha Vontade, dia após dia, nas planícies desertas, e não no ocasional Monte da Transfiguração.

A perseverança é mais necessária na vida religiosa do que em qualquer outro lugar. O trabalho do Reino é o que assegura a intimidade Comigo. Sou o Senhor das pequenas coisas, o Controle Divino dos pequenos acontecimentos.

Nada em seu dia é insignificante demais para fazer parte do meu plano. As pequenas pedras em um mosaico têm um papel principal.

Alegrem-se em Mim. A Alegria é o cimento de Deus, que fixa a harmonia e a beleza do Meu mosaico.

A pressa de Deus em dar.   17 de janeiro

Silêncio. Calem-se diante de Mim. Busquem *descobrir* e então fazer a Minha vontade em *todas* as coisas.

Permaneçam em Meu Amor. Criem uma atmosfera de compreensão amorosa para com todos os seres humanos. Esse é seu papel a ser cumprido, e então *Eu* as envolverei com um filtro protetor que manterá todo mal longe de vocês. Ele é formado por seu próprio estado mental, suas palavras e seus atos para com os outros.

Eu quero dar todas as coisas a vocês, em boa medida, recalcada, sacudida, transbordante. Sejam rápidas em aprender. Vocês ainda sabem muito pouco sobre a Impaciência Divina, que deseja se apressar em dar. Algum pensamento de preocupação ou de impaciência penetra em sua mente? Repreendam-no imediatamente.

Amor e Confiança são os solventes das preocupações, cuidados e irritações da vida. Coloquem-nos *imediatamente* em ação. Vocês são canais, e apesar de esses canais possivelmente não estarem bloqueados por completo, a irritação, a impaciência e a preocupação os corroem, e, com o tempo, os colocam além do seu alcance.

Perseverem, oh!, perseverem. Nunca desanimem. Está tudo bem.

A fé funciona.   18 de janeiro

OREM diariamente por fé. A fé é Meu dom.
Esse é o único requisito para a realização de feitos poderosos. Certamente vocês precisarão se esforçar, vo-

cês terão que orar, mas é somente da Fé que depende a resposta de suas orações, as suas obras.

Eu a dou a vocês em resposta à sua oração, porque é a arma necessária para que vocês expulsem o mal e superem todas as condições adversas. Ela é a arma necessária à realização de todo bem em suas vidas. Quando tiverem Fé, devolvam-na a Mim, pois ela é o envelope no qual todo pedido feito a Mim deveria ser colocado.

Além disso, a "fé sem obras é morta". Desse modo, vocês também precisam de obras para alimentar sua Fé em Mim. Quando procuram fazer isso, vocês sentem sua impotência e se voltam para Mim. Sua fé cresce pelo ato de Me conhecer. E ela é tudo de que vocês precisam para que meu Poder seja posto em prática.

O Amor antecipa. 19 de janeiro

Senhor, eu Te buscarei.

NINGUÉM nunca Me buscou em vão. Eu espero com ansiedade voraz que vocês clamem por Mim; e Eu, que já conheço a necessidade de seus corações antes que vocês se dirijam a Mim, talvez até antes que vocês mesmas se conscientizem dessas necessidades, já estou preparando a resposta.

Sou como a Mãe que prepara o enxoval da filha, antes mesmo que o Amor tenha entrado na vida dela.

O *Amor Antecipatório* de Deus é algo de que os mortais raramente se conscientizam. Meditem nesse pensamento. Expulsem de suas mentes a concepção de um Deus rancoroso, a Quem se precisa suplicar com suspiros, lágrimas e muita argumentação antes que Ele relutantemente abra mão dos tesouros desejados. Os pensamentos que os homens têm de mim precisam sofrer uma revolução.

Tentem imaginar uma Mãe preparando uma festa de aniversário ou presentes de Natal para sua filha, enquanto seu coração materno canta: "Será que ela gostará disso? Ah, como ela amará isso!" e antegoza o êxtase da filha, seu próprio coração cheio da alegria mais terna. Onde a Mãe aprendeu essa alegria da preparação? De Mim; esse é um pálido eco da Minha alegria da preparação.

Tentem ver isso, enquanto os planos de Minha preparação se desdobram. Ser compreendido significa muito para mim, e a compreensão de quem Eu sou trará grande alegria a vocês.

Um com Deus.   20 de janeiro

UM Comigo. Eu e Meu Pai somos um. Um com o Senhor de todo o Universo!

Será que a aspiração humana poderia ir mais alto? Será que as exigências do homem poderiam transcender isso? Um Comigo.

Se vocês se conscientizarem de seu enorme privilégio, só precisarão pensar e imediatamente o objeto de seu pensamento será concretizado. Na verdade, poderia bem se dizer: "Coloquem suas afeições nas coisas do alto, e não nas da terra."

Pensar demais no material, uma vez que vocês viverem em Mim, significa trazê-lo à existência, de modo que vocês devem ter cuidado em só pensar e desejar o que será benéfico e o que não atrapalhará seu crescimento espiritual. A mesma lei também opera no plano espiritual.

Pensem no *Amor*, e Ele envolverá vocês e a todos nos quais vocês pensarem. Pensem pensamentos de *mal*, e o mal se colocará ao seu derredor, e àqueles nos quais vocês pensarem. Pensem na saúde, e a saúde virá. Esses são os reflexos físicos do mental e do espiritual.

Um dia tumultuado. 21 de janeiro

ACREDITEM que estou com vocês e que estou no controle de tudo. Quando Minha Palavra sai de Minha boca, *tudo* é impotente contra ela.

Fiquem calmas e nunca temam. Vocês ainda têm muito para aprender. Continuem, até conseguirem encarar o dia mais tumultuado com uma canção. "Cantai ao Senhor." O melhor acompanhamento para uma Canção de Louvor a Mim é um dia muito tumultuado. Deixem que o Amor seja a motivação fluindo através de tudo.

Alegrem-se constantemente. Rejubilem-se extremamente. Alegrem-se em Mim. Descansem em Mim. Nunca temam. Orem mais. Não se preocupem. Eu sou o seu Auxílio. "Os braços eternos estão sob vós." Vocês não cairão mais. Descansem neles como uma criança exausta.

Dias cinzentos.   22 de janeiro

Não temam, sou o seu Deus, seu Libertador. Eu as livrarei de todo mal. Confiem em Mim, não temam.

Nunca se esqueçam de agradecer. Será que vocês não vêem que essa é uma lição? Vocês *devem* dizer "obrigado" até nos dias mais cinzentos. Vocês *precisam* fazer isso. A luz não pode iluminar todas as coisas sem que vocês tenham feito isso. Há a prática dos dias cinzentos. Ela é vital.

Minha morte na Cruz não foi somente necessária para salvar o mundo, mas também para treinar meus discípulos. Era parte do treinamento deles: A Minha entrada triunfal em Jerusalém, o lavar dos pés dos discípulos, Meu momento de dor no Getsêmani, o fato de Eu ter sido julgado, crucificado, enterrado. Cada passo foi necessário ao desenvolvimento deles, e o mesmo acontece com vocês.

Se um dia cinzento não for um dia de gratidão, a lição deve ser repetida até que se torne um. Isso não acontece da mesma maneira com todos, mas somente com os que pedem para me servir bem e fazem muito para Mim.

Uma grande obra requer treinamento cuidadoso e bem-sucedido.

Como é dado o poder.   23 de janeiro

Senhor, Tu és nosso refúgio. Nosso Deus, em Ti confiamos.
Ó mestre, vem e fala conosco.

TODO o poder Me foi dado. Eu tenho autoridade para concedê-lo. Tenho autoridade para reprimi-lo, mas até mesmo Eu preciso admitir que não posso impedir que ele se derrame na vida daquele que permanece junto a Mim, porque nesse caso não é um dom, mas emana imperceptivelmente de Mim para Meus discípulos.

Ele é respirado pela alma que vive em Minha Presença.

Aprendam a se isolarem do mundo em minha Presença, e então, sem nem mesmo precisarem pedir, vocês terão o que desejam de Mim: Força, Poder, Alegria, Riqueza.

Sua grande recompensa.   24 de janeiro

VOCÊS pedem por fé, e são instruídas a fazerem isso. Eu a guardo, na Casa de Minha Presença, para todos os que se voltam para Mim e apesar disso têm joelhos fracos e corações titubeantes. Não temam. Eu sou seu Deus. Sua Grande Recompensa. A recompensa que é sua, para que vocês olhem para o alto e digam: "Está tudo bem."

Eu sou seu Guia. Não tentem ver a estrada à frente, mas avancem um passo de cada vez. Eu raramente concedo a visão em longo prazo a meus discípulos, especialmente quando se trata de assuntos pessoais, pois dar um passo por vez é a melhor maneira de cultivar a Fé.

Vocês se encontram em águas nunca antes singradas, mas o Senhor de todos os Mares está com vocês, Aquele que acalma todas as Tempestades está com vocês. Cantem com alegria. Vocês seguem Aquele que tem o controle sobre todas as Limitações, assim como o Deus em cujo serviço há liberdade perfeita.

Ele, o Deus do Universo, se confinou a si mesmo dentro dos limites da forma de um Bebê e, crescendo na Infância e na jovem Maturidade, se submeteu a suas limitações humanas, e vocês precisam aprender que sua visão e poder ilimitados, no que se relaciona a assuntos espirituais, devem também se submeter a limitações no que tange o temporal.

Mas Eu estou com vocês. Foi somente quando os discípulos desistiram de seu esforço após uma noite de pesca infrutífera que Eu vim, e as redes se partiram com a superabundância de suprimentos.

O caminho da felicidade.   25 de janeiro

A ENTREGA completa em todo tempo a Deus é a *fundação* da felicidade, sua *estrutura* é a alegria da Comunhão com Ele. E, isso consiste, para cada um, da morada, da mansão que Eu fui preparar para vocês.

Meus seguidores não compreenderam isso, e com muita freqüência se voltaram para essa promessa como se ela se referisse somente a um tempo pós-morte, e, com demasiada freqüência, realmente demasiada, pensam nessa vida como algo durante o qual apenas lutarão em busca da recompensa e a alegria na próxima.

Procurem fazer tudo que Eu disser, e, com isso vocês receberão compreensão, revelação, visão e alegria tão grandes que ultrapassam realmente todo entendimento. Os planos de Deus são maravilhosos e vão além de suas maiores esperanças. Apeguem-se a pensamentos de proteção, segurança, orientação.

Mantenham a calma.   **26 de janeiro**

M ANTENHAM sua Vida Espiritual calma e livre de irritações. Nada mais importa. Deixem tudo Comigo. Essa é sua grande tarefa, manter a calma em Minha Presença, proibindo que qualquer pensamento de irritação permaneça nem sequer por um momento. Anos de bênçãos podem ser perdidos em um instante por causa disso.

Não importa *quem* ou o *quê* irritar vocês, sua tarefa é parar com todo o resto até atingirem a calma absoluta. Qualquer bloqueio significa que Meu Poder está Dividido, direcionado a outros canais.

Deixem fluir cem cessar, pois Eu não posso abençoar uma vida que não age como canal. Meu Espírito não suporta a estagnação, nem mesmo o descanso. Seu Poder deve fluir adiante. Passem adiante tudo, cada bênção. Permaneçam em Mim.

Vejam quantos vocês podem abençoar a cada dia. Permaneçam constantemente em Minha Presença.

Acima da tempestade.   **27 de janeiro**

> *Senhor, para quem iremos?*
> *Tu tens as palavras de Vida Eterna.*
>
> João 6:68.

Eu estou com vocês. Avancem sem medo. A saúde, a força, a paz, a alegria e a felicidade, todas vêm de Mim e serão suas, se vocês pedirem.

No mundo espiritual (assim como no material) não há espaços vazios, e quando vocês afastarem de suas vidas o ego, os temores e as preocupações, a conseqüência natural é que as coisas do Espírito, pelas quais vocês tanto anseiam, se apressem em tomar seus lugares. Todas as coisas são suas, assim como vocês são de Cristo, e Cristo é de Deus. Que ciclo maravilhoso, porque vocês pertencem a Deus.

Não temam nem se atemorizem. É para o homem que se afoga que vem o Resgate, e não para o nadador corajoso que consegue vencer o mar sozinho. E nenhum ímpeto de alegria se compara àquele que um ser humano sente em relação a seu Salvador.

Faz parte do Meu método esperar até que a tempestade tenha atingido sua violência total. Foi assim que fiz com meus discípulos no Lago. Eu poderia ter ordenado à primeira onda raivosa que se acalmasse, ao primeiro golpe de vento que se aquietasse, mas que lição eles não teriam deixado de aprender? Que sensação de terna proximidade, de refúgio e segurança eles teriam perdido.

Lembrem-se disso: Meus discípulos pensavam que Eu dormia e que os tinha esquecido. Lembrem-se de como eles estavam errados. Obtenham dessa lição força, confiança, dependência feliz e antegozo das bênçãos futuras.

Nunca temam. A felicidade é sua, e a felicidade radiante daquele que é resgatado também será sua.

Poucas ambições. 28 de janeiro

Não temam. Não temam estar ocupadas. Vocês devem servir a todos. "E, qualquer que entre vós quiser ser o primeiro, seja vosso servo."

Serviço é a palavra para Meus discípulos. Eu verdadeiramente servi aos mais humildes, aos mais insignificantes. Eu estive em seu comando. Meus maiores poderes estiveram todos ao seu serviço.

Permitam-se ser usadas. Sirvam a todos, aos mais insignificantes, aos menores. Como seria possível melhor servir? Que essa seja sua busca diária, e não a busca por um modo melhor de serem servidas.

Verdadeiramente, os pensamentos do homem não são os pensamentos de Deus, nem os seus caminhos os caminhos de Deus. Quando vocês buscam Me seguir em tudo, significa freqüentemente uma inversão completa das veredas do mundo que seguiram até então. Mas é uma inversão que leva à alegria e à paz ilimitada.

Olhem em volta, leiam o que está sendo escrito. O que acham? As metas e ambições do homem trazem paz, ou as recompensas do mundo, descanso de alma e alegria? Não! Na verdade, o homem está em guerra contra o próprio homem. Aqueles que foram mais recompensados pelo mundo, com nome, fama, honra e riqueza, estão exaustos e desapontados.

Ainda assim, para quem tem ouvidos para ouvir, acima do burburinho dos gritos desafinados do mundo, ecoa minha mensagem de 1900 anos: "Vinde a Mim todos os que estais cansados e sobrecarregados, e Eu vos aliviarei."

E os exaustos e desapontados que a ouvem e se voltam para Mim encontram verdadeiramente descanso. Eu sou a Felicidade dos Exaustos, Eu sou a Música para o Coração, Eu sou a Saúde para os Enfermos, Eu sou a Riqueza para os Pobres, o Alimento para os Famintos, o Lar para o Peregrino, o Êxtase para o Exausto, o Amor para o Solitário.

Não há sequer *uma* carência da alma que Eu não supra para aquele que pede, e Eu desejo suprir todas as suas necessidades.

Eu abro caminho.   **29 de janeiro**

Espera pelo Senhor.
— Salmo 27:14.

Eu sou o seu escudo. Não temam. Vocês devem saber que "está tudo bem". Eu nunca deixarei que alguém faça algo que não seja de Minha Vontade a vocês.

Eu conheço o futuro. Eu posso ler o coração dos homens. Eu sei melhor do que vocês mesmas do que necessitam. Confiem totalmente em Mim. Vocês não estão à mercê do Destino, nem sendo açoitadas por todos os lados por outros. Estão sendo guiadas por um caminho perfeitamente traçado, e outros, que não servem ao seu propósito, estão sendo afastados de sua Rota por Mim.

Nunca temam, o que quer que aconteça. Vocês estão sendo guiadas. Não tentem planejar nada. Eu já planejei tudo. Vocês são as construtoras, *não* o Arquiteto.

Avancem muito rapidamente, com muito cuidado. Todas as coisas concorrem para o bem de vocês.

Confiem em Mim em tudo. Seu cuidado em fazer isso assegurará Minha atividade em seu favor. Vocês devem construir essa confiança pelo fato de terem suas fundações na Rocha — Cristo, Fé Nele, e "estarem enraizadas e fundamentadas Nele", e crerem em Minha Divindade como sua Pedra Angular. Saibam que está tudo bem.

Literalmente, vocês dependem de mim para tudo — para tudo. Foi das profundezas do ser que Davi clamou por Mim, e eu ouvi sua voz. Tudo está bem.

A alma em guerra. 30 de janeiro

Nenhum mal pode lhes acontecer, pois Eu estou com vocês. "O mal que Ele abençoar é o nosso bem." Cada momento em que forem rejeitadas é um momento de retiro no esconderijo Comigo. Nunca temam, pois nesse lugar vocês encontrarão restauração, poder, alegria e cura.

Planejem dias de retiro de vez em quando, dias em que viverão separadas Comigo, e se erguerão descansadas e renovadas, física, mental e espiritualmente, para realizar a missão que dei a vocês. Eu nunca darei a vocês uma carga maior do que a que vocês puderem suportar.

Acolham o Amor, a Alegria, a Paz. Não permitam que sentimentos pessoais, nenhum pensamento nascido do ego possa bani-los. Individualmente, eles fazem milagres em uma vida, mas, em conjunto, podem comandar todo o necessário no plano físico, mental e espiritual.

Todo sucesso reside nesses atributos maravilhosos. Cuidem para que sua vida espiritual seja completa, e então a obra será realizada. Essas coisas são conquistadas no campo de batalha da Alma, e não na pressa e desejo do plano material.

O sofrimento redime.   31 de janeiro

TODO sacrifício e todo sofrimento são redentores: servem para instrução ou para que o indivíduo seja capacitado a erguer e a auxiliar a outros.

Nada acontece por acaso.

A Mente Divina e sua obra maravilhosa estão além da compreensão limitada dos homens.

Nenhum detalhe fica esquecido em Meus Planos já perfeitos.

FEVEREIRO

Um novo começo. 1º de fevereiro

ANIMEM-SE. Não temam. Iniciem uma nova vida amanhã. Coloquem de lado os velhos erros e comecem tudo de novo. Eu dou a vocês um novo começo. Não se sintam sobrecarregadas. Não fiquem ansiosas. Se Meu perdão fosse somente para os justos e para os imaculados, em que ele seria necessário?

Lembrem-se, como Eu disse a Maria no passado: "Por isso te digo que os seus muitos pecados lhe são perdoados, porque muito amou."

Por que vocês se irritam e se preocupam tanto? Eu estou esperando para dar a vocês tudo que é amável, mas suas vidas estão manchadas com preocupações e irritação. Vocês esmagariam meus tesouros. Eu só posso abençoar corações alegres e agradecidos.

Vocês *devem* estar contentes e felizes.

Pratiquem o amor. 2 de fevereiro

Guarda-nos e nos protege.

A FALTA de Amor bloqueará o caminho. Vocês *devem* amar a todos. Os que as irritam e os que não o fazem.

Pratiquem o Amor. É uma grande lição, e vocês têm um grande Mestre. Vocês *devem* amar, pois, do contrário, como poderão permanecer em Mim, de quem nada que não ame pode se aproximar? Pratiquem o Amor e Eu as abençoarei extremamente, acima de tudo o que vocês puderem não somente pedir, mas também imaginar.

Não há limites para o Meu Poder. Façam tudo o que puderem e deixem o resto Comigo. A Paz e a Confiança virão. Não temam, pois Eu sou seu Advogado e seu Mediador.

Se os homens se opuserem.   3 de fevereiro

Apenas creiam. Os Muros de Jericó caíram. Por acaso foram machados ou ferramentas humanas que os derrubaram? Em vez disso, foram as Canções de Louvor do Meu povo e o Meu Pensamento posto em prática.

Todos os muros devem cair diante de vocês. Não há poder terreno que resista. Ele cai como uma casa de papel ao Meu toque milagroso. Sua fé e o Meu poder — é tudo o que importa. Nada mais é necessário.

Então, se a oposição mesquinha de homens ainda se mantiver, é apenas porque Eu escolhi deixá-la de pé entre vocês e o que seria um erro em suas vidas. Se não, uma palavra, um pensamento Meu e ela seria destruída. O coração de Reis está sob Meu poder e governo. Todos os homens podem ser movidos conforme Meu desejo. Descansem nessa certeza. Confiem em Mim.

Abandonem as muletas.   **4 de fevereiro**

AVANCEM apenas um passo por vez. Minha vontade será revelada à medida que avançarem. Vocês nunca cessarão de agradecer por esse tempo em que sentiam paz e confiança apesar de não terem nenhuma segurança do ponto de vista humano. Esse é o tempo da Verdadeira aprendizagem da fé em Mim. "Quando meu pai e minha mãe me abandonarem, o Senhor me susterá." Essa é a real dependência de Mim.

Quando o apoio humano ou qualquer forma de ajuda material é removida, então Meu poder pode operar. Eu não posso ensinar um homem a caminhar se ele confiar em muletas. Livrem-se de suas muletas, e Meu poder as revigorará de modo a que caminhem para a vitória. Nunca limitem Meu poder. Ele não pode ser limitado.

Vocês saberão.   **5 de fevereiro**

CAMINHEM Comigo. Eu as instruirei. Ouçam-Me com atenção e Eu falarei. Continuem a se encontrar Comigo, apesar de toda oposição e de todo obstáculo, apesar dos dias em que vocês não ouvirão nenhuma voz e em que Meu coração não falará aos seus.

À medida que vocês persistirem nessa prática e a transformarem em um hábito de vida, Eu revelarei Minha vontade de várias e maravilhosas formas. Vocês terão mais fé, conhecendo passado e futuro. Mas essa será a recompensa que receberão apenas se vierem regularmente se encontrar Comigo.

A vida é uma escola. Há vários mestres. Eu não virei pessoalmente a todos. Acreditem literalmente que os problemas e dificuldades em sua vida podem ser explicados por Mim com mais clareza do que por qualquer outro.

O desejo de Deus.   6 de fevereiro

QUEM tiver ouvidos para ouvir, ouça o que Eu digo. Eu venho para o coração que me espera ansioso. Às vezes é possível que Eu nada fale. Às vezes posso simplesmente pedir que vocês esperem em Minha Presença, para que saibam que estou com vocês.

Pensem nas multidões que me comprimiam, quando Eu estava na terra, todos famintos por algo, ansiosos por serem curados, instruídos ou alimentados.

Pensem no que significava para Mim, enquanto Eu supria suas muitas necessidades e concedia seus diversos pedidos, descobrir no meio da multidão um ou dois que Me seguiam apenas para gozar de Minha proximidade, apenas para permanecer em Minha Presença, e como, com isso, satisfaziam ao Coração Eterno.

Confortem-me por um tempo, dizendo-me que Me buscariam apenas para estarem em Minha Presença, para permanecerem perto de Mim, nem mesmo pelo ensinamento, nem para ganhos materiais, nem para receber uma mensagem — mas por Mim. O desejo do coração humano de ser amado por si mesmo é algo que recebeu do Grande Coração Divino.

Eu as abençôo. Curvem suas cabeças.

A luz à frente. 7 de fevereiro

CONFIEM e não tenham medo. A vida é cheia de maravilhas. Abram olhos semelhantes aos de uma criança confiante e vejam tudo que estou fazendo por vocês. Não temam.

Apenas mais alguns passos e Meu Poder será manifestado e dado a conhecer. Vocês mesmas estão, agora, caminhando na escuridão de um túnel. Logo vocês mesmas serão luzes para guiar os pés temerosos.

Os clamores de seus sofrimentos já penetraram os ouvidos do próprio Deus, Meu Pai nos Céus, seu Pai nos Céus. Para Deus, ouvir é responder, pois apenas um clamor do coração, um pedido de ajuda ao Poder Divino na fraqueza humana, um grito confiante sempre alcança os Ouvidos Divinos.

Lembrem-se, de coração trêmulo, de que para Deus, ouvir é responder. Suas orações, e elas têm sido muitas, já foram respondidas.

Apenas em Mim. 8 de fevereiro

Eu sou seu Senhor, seu Suprimento. Vocês *devem* confiar em Mim. Confiem até o limite final. Confiem e não temam. Dependam *unicamente* do Poder Divino. Eu não as esqueci. Seu auxílio está chegando. Vocês descobrirão e conhecerão o Meu Poder.

A perseverança é a fé testada quase que até o limite. Esperem, confiem e tenham esperança e alegria em Mim. Não dependam de homens, mas de Mim, sua Força, seu Auxílio, seu Suprimento.

Esse é o grande teste. Será que *Eu* sou realmente seu suprimento? Toda grande obra realizada em Meu nome tem precisado se submeter a esse grande tempo de prova.

Dominem suas almas por meio da paciência e rejubilem-se. Esperem até que Eu mostre o caminho. O próprio Céu não pode conter mais alegria do que aquela que a alma conhece quando, após o teste da espera, Eu a corôo em Vitória; nenhum dos meus discípulos, porém, pode ter vitória, a não ser que espere até que Eu lhe dê a ordem de avançar. Vocês não ficarão ansiosas se *souberem* que Eu sou seu suprimento.

A voz divina. 9 de fevereiro

A Voz Divina nem sempre se expressa em palavras. Ela se dá a conhecer como uma revelação do coração.

A linha da vida. 10 de fevereiro

Eu sou seu Salvador, sou Aquele que livra das amarras do pecado, de todos os cuidados e aflições da vida, Aquele que salva das enfermidades.

Eu falo a vocês duas. Olhem para Mim e obterão a salvação. Confiem em Mim e obterão o auxílio. Será que Meu servo de outrora não disse: "Todas as Tuas ondas e Teus turbilhões passaram sobre mim?" Mas nem todas as águas da aflição puderam afogá-lo. Pois para ele, "Do alto estendeu o braço e me tomou; tirou-me das muitas águas".

A linha da vida, a linha do resgate, a linha que vai da alma até Deus, fé e poder é forte, e nenhuma alma atada a Mim por ela pode ser sobrecarregada. Confiem sem cessar. Nunca tenham medo.

Pensem em Minhas árvores: despidas de sua beleza, podadas, cortadas, desfiguradas, nuas e, no entanto, através dos galhos aparentemente mortos ainda flui silenciosa e secretamente a seiva da vida espiritual! Com o sol da Primavera vem a nova vida, folhas, brotos, flores, frutos, mas oh! O fruto é mil vezes melhor por causa da poda.

Lembrem-se de que estão nas mãos de um Mestre-Jardineiro. Ele não erra ao podar. Alegrem-se. A alegria é o Espírito se lançando para Mim em gratidão. É a nova seiva de vida da árvore, estendendo-se para Mim para descobrir mais tarde uma linda expressão. Por isso, nunca deixem de se alegrar. Rejubilem-se.

O caminho difícil.   11 de fevereiro

SEU caminho é difícil, difícil para ambas. Não há obra tão difícil na vida quanto esperar, e ainda assim Eu digo que esperem. Esperem até que Eu mostre Minha Vontade. A Prova de Meu Amor e de Minha certeza de seu discipulado verdadeiro são as tarefas difíceis que dou a vocês.

Novamente, Eu digo que esperem. Qualquer movimento é mais fácil do que a espera tranqüila. Muitos de meus seguidores estragaram seu trabalho e atrasaram o progresso de Meu Reino com seu ativismo.

Esperem. Eu não sobrecarregarei sua força espiritual. Vocês são como duas pessoas impotentes em uma jangada no meio do oceano. Mas, oh! Lá vem em direção a vocês Alguém caminhando sobre as águas, como o Filho do Homem. Quando Ele chegar e vocês O receberem, Ele ficará com vocês, como estava com Meus Discípulos, quando Eu estava na terra, que imediatamente vocês estarão no lugar em que estariam.

Todo seu esforço em remar não as teria feito terminar a jornada tão rápido. Oh, esperem e confiem. Esperem, e não temam.

Encontrem-me em toda parte.   12 de fevereiro

A VIDA é a verdadeira consciência de Mim.
Não temam. Um futuro lindo está à sua frente. Que seja uma nova vida, uma nova existência, onde, em cada único acontecimento, evento, plano, vocês estejam conscientes de Mim.

"E a Vida Eterna é essa, que eles Te conheçam, e a Jesus Cristo, enviado por Ti."

Obtenham essa consciência constante e terão Vida Eterna — a Vida pelos Séculos. Em tudo sejam guiadas pelo Espírito de Deus e confiem em mim em todas as ocasiões. E a consciência de Mim deverá trazer Alegria. Não me dêem apenas a confiança, mas também a alegria.

Perto da meta.   13 de fevereiro

EM uma corrida, não é a largada que importa, nem mesmo o ritmo ou a distância. É quando a chegada está à vista que o coração, os nervos, a coragem e os músculos se esforçam quase que além da resistência humana, quase ao seu limite.

A meta já está à vista para vocês, e vocês precisam entregar seu clamor final a Mim. Será que não podem ver, pela tensão e as torturas dos últimos dias, que a corrida já quase chegou ao fim? Coragem, coragem. Prestem atenção em Minha voz de encorajamento. Lembrem-se de que Eu estou ao seu lado, estimulando-as para que alcancem a vitória.

Nos anais dos céus, os recordes mais tristes são os que contam de tantos que correram bem, com corações resolutos e bravos, até a visão da chegada, da vitória, e então sua coragem falhou. Todas as hostes dos céus desejavam gritar a eles como a chegada estava perto, implorar por um último impulso de coragem, mas eles desistiram, para nunca saber, até o último dia da revelação, como estavam próximos da vitória.

Eles o saberiam, se tivessem me ouvido, em silêncio, como vocês se encontram Comigo. Eles teriam sabido. Deve haver o ouvido que ouve, assim como a voz mansa e suave.

Em Minha presença.　　　　　　　14 de fevereiro

Vocês ainda não se conscientizaram de que teriam se partido sob o peso de suas preocupações, não fosse por esse tempo de renovação Comigo. Não é o que Eu digo; sou Eu mesmo; Não é tanto o Me ouvir como o estar em Minha Presença. Vocês não imaginam como essa prática tem o poder de fortalecer e curar. Esse conhecimento está além do raciocínio humano.

Se, a cada dia, cada alma ou grupo de almas esperassem em Minha Presença, esse pobre mundo enfermo seria curado. Lembrem-se de que vocês nunca devem deixar de passar esse tempo a sós Comigo. Vocês serão gradualmente transformadas; física, mental e espiritualmente, até atingirem a Minha semelhança. Todos os que as virem ou tiverem contato com vocês serão, por meio dessa interação, atraídos a Mim, e gradualmente essa influência se espalhará.

Vocês estão transformando um ponto na terra em um Lugar Santo, e apesar de precisarem trabalhar e se dar sem cessar, porque essa é sua tarefa designada para o presente, ainda assim a grande obra que cada uma de vocês pode fazer, e está fazendo, é realizada durante esse tempo a sós Comigo. Vocês compreendem?

Será que sabem que cada pensamento, cada atividade, cada oração, cada desejo do dia é colhido nos céus e oferecido a Mim, agora. Oh!, que Alegria por estar com vocês. Foi para isso que vim à terra, para levar o ser humano de volta ao diálogo espiritual com seu Deus.

Inspiração, e não aspiração. 15 de fevereiro

Vocês devem ser usadas. A Força Divina nunca deixa de ser suficiente para toda obra no mundo. Eu apenas preciso dos instrumentos para usá-los. Esse conhecimento transformaria o mundo.

O mundo não precisa de super-homens, mas de homens sobrenaturais. Homens que persistentemente expulsassem o ego de suas vidas e deixassem o Poder Divino trabalhar através deles. A Inglaterra poderia ser salva amanhã se somente seus políticos se deixassem usar por Mim.

Deixem que a inspiração tome o lugar da aspiração. Todo desemprego cessaria. Eu sempre tenho muito trabalho a ser feito e sempre pago muito bem meus trabalhadores como vocês verão, à medida que cada vez mais tiverem a atitude correta de pensamento em relação ao fato de todo trabalho ser somente Meu.

Nunca perturbados. 16 de fevereiro

MESMO se Eu nunca falasse com vocês, vocês seriam bem recompensadas por separarem esse tempo, mesmo se vocês apenas se sentassem quietas e desejassem a Minha presença, mesmo se apenas voltassem as respirações ansiosas para Mim, como fazem para o ar puro e fresco do exterior.

Fiquem tranqüilas e calmas. Esperem em Minha presença. Aprendam de Mim a paciência, a humildade, a paz. Vocês permanecerão imperturbáveis, aconteça o que acontecer? Vocês são lentas em aprender sua lição. Na correria, no trabalho e nas preocupações, a própria busca do silêncio as ajudará.

Tão pouco é realizado em meio ao alvoroço. Vocês devem aprender a levar a calma com vocês até no dia mais cheio.

Poderes psíquicos. 17 de fevereiro

Os poderes psíquicos não são necessariamente Poderes Espirituais. Não busquem o espiritual por meios materiais. Será que vocês não vêem que representa colocar o peso de lama terrena sobre as lindas asas do espírito?

Busquem *nesses* momentos como um tempo de comunhão Comigo, e não como tempo de fazer perguntas; e elas serão respondidas. Encontrem-Me na Comunhão. Ela é alimento para a alma, fornecido por Mim.

Não esperem uma Igreja perfeita, mas encontrem nela meios de se aproximarem muito de Mim. Apenas isso conta, e então, o resto, que é a casca, é eliminado. Não o levem em conta. Agarrem-se à verdade e Me encontrem, a Mim, o Verdadeiro Pão da Vida. A lição do grão é a de Minha Igreja e Eu. A vida verdadeira é tudo que conta, a Igreja Exterior é a casca, necessária, no entanto, para apresentar o grão da vida ao homem.

Deixem-me fazer as coisas. 18 de fevereiro

Nunca deixem de passar esse tempo Comigo. O mais importante não é o que revelo a vocês, mas o vínculo de sua natureza frágil com os Poderes Divinos. As forças já foram colocadas em andamento. Apenas Minha Vontade se concretizará. E agora, Deus está abençoando vocês grandemente.

Vocês pensam que há muito a *fazer* em uma situação de crise como essa. Apenas *uma* coisa importa: Liguem suas vidas à Força Divina, e então será Minha obra ver essas vidas e suas tarefas correrem de modo correto, tanto quanto é cuidar para que o Sol de amanhã nasça.

Não é uma súplica apaixonada que ganha o Ouvido Divino, mas a entrega tranqüila das dificuldades e preocupações em Mãos Divinas. Confiem, e não tenham mais medo do que uma criancinha que coloca um novelo de lã embolado nas mãos de uma mãe amorosa e sai correndo para brincar, agradando-a mais com sua confiança sem questionamentos do que se tivesse se posto de joelhos e implorado por sua ajuda, o que, em vez disso, a magoaria, pois implicaria na crença de que ela não estaria ansiosa para ajudar quando esse auxílio se fizesse necessário.

Perseverem. 19 de fevereiro

Não se esqueçam de enfrentar todos os seus problemas com amor e riso. Tenham a certeza de que estou com vocês. Lembrem-se sempre de que são os últimos metros que contam. Não me decepcionem. Eu não *posso* decepcionar vocês. Descansem no Meu Amor.

Muitas das orações do mundo ficaram sem resposta porque Meus filhos que oraram, não perseveraram até o final, pensando que era tarde demais, e que precisavam agir por conta própria, que Eu não agiria por eles. Lembrem-se de Minhas palavras: "Aquele que perseverar até o fim será salvo."

Será que *vocês* podem perseverar até o fim? Em caso positivo, serão salvas. Mas perseverem com coragem, com Amor e riso. Ó Minhas filhas, Meu treinamento é difícil demais?

Para vocês, Minhas filhas, Eu revelarei os tesouros secretos escondidos de tantos. Nenhum de seus clamores deixou de ser ouvido. Estou com vocês e verdadeiramente as ajudo. Façam cuidadosamente tudo que tenho dito a vocês e vivam exatamente como ordenei. À medida que seguirem em detalhes tudo que digo, alcançarão sucesso — espiritual, mental e físico. Enquanto isso, esperem em silêncio, conscientes de Minha presença, na qual devem viver para terem descanso em suas almas, além de Poder, Alegria e Paz.

Reivindiquem seus direitos.   **20 de fevereiro**

"QUE suas necessidades sejam conhecidas a Deus em tudo, pela oração e súplica."

No entanto, não mendiguem. Em vez disso, venham a Mim como o administrador de uma empresa traz ao proprietário as necessidades, os cheques a serem assinados, etc., consciente de que o fato de comunicar o assunto a Ele significa suprimento imediato.

Eu estou ansioso para suprir, mas o seu pedido, ou a demonstração de fé de sua parte são necessários, porque para vocês esse contato Comigo é vital.

Nada pode ferir.   **21 de fevereiro**

O CAMINHO é plano.

Vocês não precisam olhar muito adiante. Quando caminharem Comigo, dêem apenas um passo por vez. Vocês estão sendo guiadas pela mesma luz que os Céus conhecem, o Próprio Sol de Justiça.

Apenas o ego pode colocar uma sombra nesse caminho. Tenham mais medo da inquietação do Espírito, da perturbação da alma e de alguma irritação espiritual do que de um terremoto, incêndio ou qualquer força externa.

Quando vocês sentirem que sua calma absoluta foi perturbada, isolem-se e fiquem a sós Comigo até que seu coração cante e que sintam força e paz completa.

Esses são os únicos momentos em que o mal poderá encontrar uma brecha. As forças dele andam em derredor da cidade da alma humana e buscam ansiosamente qualquer ponto desprotegido, através do qual uma seta possa passar e causar danos.

Lembrem-se de que tudo o que vocês têm a fazer é manterem-se calmas e felizes. Deus faz o resto. Nenhuma força maligna poderá limitar o Meu Poder — apenas vocês, vocês mesmas têm a autoridade de fazer isso. Todas as forças poderosas de Deus estão em forma para ajudarem vocês na batalha, e seu pequeno e insignificante ego impede que marchem adiante. Pensem nisso.

Confiem. 22 de fevereiro

Vocês *precisam* confiar completamente em Mim. Essa lição deve ser aprendida. Vocês receberão auxílio, serão orientadas e guiadas continuamente. Os filhos de Israel teriam entrado muito antes na Terra Prometida, mas suas dúvidas e medos faziam com que constantemente retornassem ao deserto. Lembrem-se sempre de que as dúvidas atrasam tudo. Vocês estão confiando completamente em Mim ou não?

Tenho ensinado a vocês como viverem e vocês devem fazê-lo. Minhas filhas, Eu as amo. Confiem em Terno Amor. Ele nunca falhará, mas vocês também devem aprender a não falhar a ele.

Oh! Se vocês pudessem ver, compreenderiam. Vocês têm muito a aprender em relação a eliminar o medo e estar em paz. Todas as suas dúvidas detêm minha obra. Não duvidem. Eu morri para salvar vocês do pecado, da dúvida e da preocupação. Vocês devem confiar plenamente em Mim.

O segredo da cura.   23 de fevereiro

OCUPEM sua vida com amor. A vida ocupada é uma vida cheia de alegria. Eu amo vocês e ordeno que se alegrem. Eu dou a vocês novo suprimento de alegria na Primavera.

Vivam ao ar livre tanto quanto puderem. O Sol e o ar são Minhas grandes forças curativas, além da Alegria interior, que transforma o sangue envenenado em um fluxo puro e saudável, doador de vida.

Nunca se esqueçam de que a verdadeira cura do corpo, da mente e do Espírito vem do seu interior, do contato próximo de seu Espírito com o Meu Espírito.

Compartilhem tudo.   24 de fevereiro

A OBRA do Espírito é realizada em silêncio.
O Amor já está atraindo outros até vocês. Recebam *todos* os que vierem como enviados Meus e dêem a eles

as boas-vindas reais. Vocês ficarão surpresas com tudo o que planejei para vocês.

Recebam todos os que vierem com o amor de seus corações. *Vocês* podem até mesmo não ver a obra. Eles podem não necessitar de vocês hoje. Amanhã poderão fazê-lo. Pode ser que Eu envie a vocês estranhos visitantes. Façam com que cada um deles deseje voltar. Ninguém deve vir e se sentir indesejado.

Compartilhem com todos alegremente seu Amor, sua Alegria, sua Felicidade, seu Tempo, seu Alimento, e maravilhas serão reveladas. Agora vocês vêem somente os brotos, mas a glória da flor aberta está além de todo o seu entendimento. Amor, Alegria, Paz em grande abundância — apenas creiam. Dêem Amor e tudo mais que puderem com corações e mãos liberais e alegres. Usem tudo o que puderem para os outros, e inúmeras bênçãos e grande abundância serão dadas a vocês em retorno.

Como vencer. 25 de fevereiro

A ALEGRIA é o bálsamo soberano para todas as dores do mundo, a cura espiritual para toda enfermidade. Não há nada que a Alegria e o Amor não possam fazer.

Estabeleçam padrões altíssimos. Tenham como objetivo a conquista de um mundo, do mundo à sua volta. Digam apenas: "Jesus vence" e "Jesus salva", diante de toda dúvida, de todo pecado, de todo mal, de todo medo.

Nenhum mal poderá resistir a isso, pois "não há outro Nome debaixo dos Céus entre os homens, pelo qual os homens possam ser salvos". Para todo pensamento de necessidade ou carência, "Jesus salva da pobreza", contra todo medo, "Jesus salva do medo".

Façam isso diante de todo problema e ele desaparecerá como a noite desaparece quando o sol nasce.

Auxílio rápido. 26 de fevereiro

NADA falta em sua vida, porque tudo já pertence realmente a vocês. Vocês apenas não têm a fé suficiente para saber disso. São como as filhas de um Rei que se sentam, vestidas em trapos, apesar de terem à sua volta provisões de tudo que possam desejar.

Orem por mais fé, como um homem no deserto pede por chuva e por água. Meu auxílio vem rápido, veloz e forte. Vocês sabem o que é ter certeza de que Eu nunca posso falhar a vocês? A mesma certeza de que vocês ainda respiram? Como é pequena a fé do homem! Tão pequena. Vocês confiam em Mim tanto quanto confiariam em um amigo que dissesse a vocês que enviaria auxílio? Orem a cada dia, diligentemente, para que sua fé seja aumentada.

Sons do Espírito. 27 de fevereiro

SEPAREM tempo para a oração. Separem mais tempo para estarem Comigo. Somente nesse caso vocês prosperarão.

Conscientizem-se de que ouvir os Sons do Espírito é mais importante do que escutar todos os sons da terra. Eu estou com vocês. Deixem que esse fato satisfaça vocês, não, mais, extasiem-se com isso.

Não busquem, às vezes, nem mesmo Me ouvir, mas um silêncio de entendimento espiritual Comigo. Não tenham medo. Tudo está bem. Permaneçam no que Eu fiz, assim como no que Eu disse.

Lembrem-se de que Eu toquei a mão dela "e a febre a deixou". Não foram necessárias muitas palavras, apenas um momento de contato, e toda febre a deixou. Ela ficou bem, íntegra, calma, capaz de se levantar e de "ministrar a eles".

Meu toque ainda é uma potente força curadora. Apenas sintam esse toque. Sintam Minha Presença, e a febre de trabalhos, cuidados e medo simplesmente se dissolve em nada, e a saúde, alegria e paz tomam seu lugar.

Obra perfeita. 28 de fevereiro

Passem mais tempo a sós Comigo. A Alegria e a Força que vêm desses momentos acrescentarão muito à sua amizade e muito ao seu trabalho.

Os momentos de oração são momentos de crescimento. Eliminem-nos, e várias horas de trabalho bem utilizadas podem se tornar inúteis. Os valores do Céu são muito diferentes dos da Terra.

Lembre-se de que, do ponto de vista do Grande Obreiro, uma pequena ferramenta, funcionando *constantemente*, mas fazendo um mau trabalho, é de pouco valor se comparada ao instrumento afiado, penetrante e perfeito, usado apenas por pouco tempo, mas que realiza um trabalho perfeito.

Aproximem-se. 29 de fevereiro

Como o homem tem pouca consciência de Minha necessidade! De minha necessidade de Amor e Amizade.

Eu vim para "atrair os homens a Mim", e é doce sentir os corações se aproximando por Amor, e não tanto em busca de auxílio quanto de uma terna Amizade.

Muitos conhecem as necessidades do homem; poucos sabem das de Cristo.

MARÇO

Espalhem amor. 1º de março

Eu sempre ouço seu clamor. Nenhum som Me escapa. Muitos, muitos, no mundo, clamam a Mim, mas oh! Quão poucos esperam até que Eu fale com eles; e ainda assim Meu falar significa tanto para a alma.

Minhas palavras são Vida. Pensem que ouvir minha Voz é encontrar Vida, cura e força. Confiem em Mim em tudo. O amor distribuído em abundância a todos traz verdadeiramente um rápido retorno.

Apenas realizem Meus desejos e Me deixem realizar os seus. Tratem-Me como Salvador e Rei, mas também com a suave intimidade Daquele que é muito amado.

Obedeçam às regras que Eu estabeleci para vocês, persistente, perseverante, amorosa, paciente e esperançosamente, e em fé, e toda montanha de dificuldades será derrubada, os locais difíceis de pobreza serão suavizados, e todos os que as conhecerem saberão que Eu, seu Senhor, sou o Senhor.

Espalhem amor.

Palavras do Espírito.   2 de março

"As palavras que Eu vos digo são Espírito e Vida."

Essas são exatamente as palavras que falei a Meus discípulos de antigamente. Essa é sua recompensa por não buscar a comunicação espiritual por meio de um canal. Os que o fazem nunca conhecerão o êxtase, a maravilha, da comunicação espiritual como vocês conhecem.

A Vida, a Alegria, a Paz e a Cura são todas completamente suas. Vocês o verão à medida que avançarem. No começo, vocês quase não acreditarão nos poderes que concedo a vocês.

Eu enviei Meus discípulos dois a dois, e dei a eles poderes sobre espíritos imundos, e a curar toda sorte de enfermidades.

Com certeza foi maravilhoso para São Paulo sentir subitamente que o poder de Deus era dele.

Cresçam até a Minha semelhança.   3 de março

Pensem em Mim. Olhem sempre para Mim, e inconscientemente vocês crescerão até a Minha semelhança, o que vocês podem nem nunca notar. Quanto mais se aproximarem de Mim, mais verão como são diferentes de Mim. Então, sejam consoladas, Minhas filhas.

Toda sensação profunda de derrota é um sinal claro de que estão se aproximando de Mim. E, se desejarem ajudar outros a chegarem a Mim, esse desejo-oração é respondido.

Lembrem-se também de que é apenas o esforço que faz mal. Na entrega espiritual, mental ou física não há sensação de derrota ou desconforto, mas, agindo e se esforçando vocês não se conscientizam de sua força, mas de sua fraqueza.

Isso também é um sinal de Vida e de crescimento espiritual.

Lembrem-se de que Minha Força é aperfeiçoada na fraqueza.

A chave da santidade. 4 de março

APROXIMEM-SE de Mim, minhas filhas. O contato Comigo é a panacéia para todos os males.

Lembrem-se de que a Verdade tem muitas facetas. Tenham muito Amor e Paciência com todos os que não a vêem como vocês.

A eliminação do ego é a chave para a santidade e a felicidade, e só pode ser conquistada com Minha ajuda. Estudem mais Minha vida. Vivam em Minha Presença. Louvem-Me.

Eu disse no Getsêmani: "Se possível, passa de Mim esse cálice." Eu *não* disse que não haveria taça de sofrimento a ser bebida. Eu fui açoitado, cuspido e pregado à

Cruz, e disse: "Pai, perdoa-lhes, porque não sabem o que fazem." Eu *não* disse que eles não o fizeram.

Quando Meu discípulo Pedro Me estimulou a escapar da Cruz, Eu disse: "Arreda, Satanás!"

Quando Meus discípulos não conseguiram ajudar o menino epilético, Eu disse: "Essa casta só sai com Jejum e Oração." Eu *não* disse: "Vocês imaginaram que ele estava doente, não há nada errado com ele."

Quando a Bíblia diz: "Deus é tão puro de olhos que não pode ver o mal", significa não imputar o mal a Seu povo. Ele sempre vê o bem em seu povo, mas lembrem-se de que Eu "contemplei a cidade e chorei sobre ela".

O medo é o mal.   5 de março

Não temam. O medo é mau e o "perfeito Amor lança fora o medo". Não há espaço para ele no coração em que Eu habito. O medo destrói a Esperança. Ele não pode existir onde há Amor, ou onde há Fé.

O medo é a maldição do mundo. O homem tem medo, medo da pobreza, medo da solidão, medo do desemprego, medo da enfermidade.

Muitos são os medos do homem. Uma nação tem medo da outra. Medo, medo, medo em toda parte. Combatam o medo como o fariam com uma praga. Eliminem-no de suas vidas e de suas casas. Combatam-no individualmente. Combatam-no em conjunto. Nunca inspirem medo. Ele é um péssimo aliado. Medo do castigo, medo da culpa.

Nenhuma obra que emprega esse Meu inimigo é obra Minha. Vocês devem bani-lo. Há outro modo melhor.

Peçam-me e Eu lhes mostrarei.

Amem e alegrem-se. 6 de março

TRABALHEM para Mim, Comigo, através de Mim. Toda obra duradoura deve ser realizada em Meu Espírito. Ele trabalha muito silenciosamente, levando as almas, gentil e gradualmente, até Meu Reino.

O Amor e a Alegria formam o arado que prepara o solo para a semente. Lembrem-se disso. Se o solo for duro, a semente não crescerá.

Preparem o solo, preparem-no conforme Minha palavra.

Surpresas. 7 de março

MUITOS pensam que Eu testo, treino e dobro à Minha Vontade. Eu, que ordenei a Meus discípulos que tomassem sua cruz, amei preparar uma festa para eles às margens do lago, uma pequena e alegre surpresa e não uma necessidade, como pode ter parecido quando alimentei a multidão. Eu amei dar o presente do vinho na festa de casamento; assim como vocês amam planejar surpresas para aqueles que compreendem e se alegram com elas, assim é Comigo. Eu amo planejá-las para os que vêem Meu Amor e minha terna Alegria nelas.

Queridos ao coração do Meu Pai são aqueles que não vêem somente minhas lágrimas, as lágrimas de um Salvador, mas o sorriso, o sorriso alegre de um amigo.

A vida celeste.   8 de março

A ALEGRIA da Primavera será sua em completa medida. Rejubilem-se na alegria da terra. Vocês não pensam que a Natureza está exausta, também, por seus longos meses de labuta? Haverá uma grande recompensa de maravilhosa alegria se vocês compartilharem de sua felicidade agora.

A Natureza encarna o Espírito de Meus Pensamentos de beleza nesse mundo. Tratem-na assim, como verdadeiramente Minha serva e mensageira, como todo santo que já viveu. Essa descoberta trará a vocês uma nova alegria de viver. Compartilhem suas alegrias e labutas, e grandes bênçãos serão suas.

Isso é extremamente importante, porque não é somente o fato de acreditar em certas coisas *sobre* Mim que ajuda, mas Me conhecer, sentir Minha Presença em uma flor, Minha Mensagem em sua beleza e perfume.

Vocês podem realmente viver uma vida que não é desse mundo. Uma vida celeste aqui e agora. Alegria, alegria, alegria.

Nada é pequeno demais. 9 de março

NADA é pequeno para Deus. Para Ele, um perdão vale mais do que um palácio, uma palavra gentil é de mais importância do que o discurso de um estadista.

É a Vida em todas as coisas que vale, e a qualidade da vida que determina seu valor. Eu vim para lhes dar a Vida Eterna.

Fruto de alegria. 10 de março

AQUIETEM o coração e ordenem a todos os seus sentidos que silenciem antes de poderem se sintonizar para receber a música dos Céus.

Seus cinco sentidos são os meios de comunicação com o mundo material, os laços entre sua verdadeira Vida Espiritual e as manifestações materiais ao seu redor, mas vocês devem cortar toda comunicação com eles quando desejarem manter a comunicação Espiritual. Eles atrapalharão em vez de ajudar.

Vejam o bem em todos. Amem o bem neles. Vejam sua indignidade comparada ao valor deles. Amem, riam, tornem o mundo, seu pequeno mundo, feliz.

Assim como as pequenas ondulações fazem com que uma pedra atirada tumultue a superfície de todo um pequeno lago, a alegria que produzirem se espalhará em círculos cada vez maiores, além de todo conhecimento e antegozo. Alegrem-se em Mim. Essa Alegria é eterna.

Séculos depois, ela ainda estará produzindo o fruto precioso de Alegria.

Busquem a beleza. 11 de março

EXTRAIAM Beleza de cada flor e Alegria do canto dos pássaros e da cor das flores. Bebam da Beleza do ar e das cores. Eu estou com vocês. Quando quis expressar um pensamento de beleza, criei uma linda flor. Eu já disse a vocês. Reflitam.

Quando quero expressar ao homem o que Eu sou, o que Meu Pai é, esforço-Me para criar uma imagem muito bela.

Pensem em vocês mesmas como a expressão de Meus atributos, assim como uma linda flor é a expressão de Meus pensamentos, e vocês se empenharão em tudo, na beleza Espiritual, no pensamento de Poder, na saúde, nas vestimentas, para se tornarem uma expressão de Mim tão autêntica quanto puderem.

Absorvam a Beleza. Assim que a beleza de uma flor ou árvore for impressa em sua alma, ela deixa uma imagem que se reflete por meio de suas ações. Lembrem-se de que nenhum pensamento de pecado e sofrimento, do escárnio e da Crucifixão fez com que Eu deixasse de ver a beleza das flores.

Busquem a beleza e a alegria no mundo que as envolve. Olhem para uma flor, até que a beleza se torne parte de sua própria alma. Ela será devolvida ao mundo por meio de um pensamento amoroso ou de uma oração.

Ouçam um pássaro. Tomem seu canto como uma mensagem de Meu Pai. Deixem que ele mergulhe em sua alma. Isso, também, será devolvido ao mundo do modo como Eu disse. Riam mais, riam muito. Amem mais. Eu estou com vocês. Eu sou o seu Senhor.

Simplicidade. 12 de março

A SIMPLICIDADE é a tônica do Meu Reino.
Escolham sempre as coisas simples.

Amem e reverenciem os humildes e os simples.

Tenham apenas coisas simples aqui. Seus padrões nunca devem ser os do mundo.

Espiritismo. 13 de março

ESPEREM em Minha presença, inspirando suavemente o Meu Espírito.

Esse Espírito, se receber livre entrada e não for barrado pelo ego, as capacitará a fazerem as mesmas obras que

Eu fiz, o que significa que Me capacitará a fazer através de vocês as mesmas obras, e até mesmo maiores do que as que Eu realizei na terra.

O espiritismo é errado. Nenhum homem deveria ser um canal para qualquer espírito a não ser o Meu.

Tudo o que vocês devem saber, tudo o que é bom vocês saberem sobre Meu Reino Espiritual, Eu contarei quando e como achar melhor. Esse limite é estabelecido por seu próprio desenvolvimento espiritual. Sigam minhas ordenanças em tudo. Paz. Paz. Paz.

O toque de Deus. 14 de março

Eu estou perto, pairando sobre vocês, como uma mamãe-passarinho amorosa sobre seus filhotes. Eu estou aqui. Eu sou o seu Senhor, a vida de seu corpo, mente e alma, aquele que renova sua juventude.

Vocês não têm idéia do que esses momentos de conversas Comigo significarão para vocês. Meu servo Isaías disse: "Os que esperam no Senhor renovarão suas forças. Sobem com asas, como águias, correm e não se cansam, caminham e não se fatigam."

Perseverem em tudo que Eu disser a vocês para fazerem. A realização persistente de Meus mandamentos, Meus desejos infalivelmente as levarão, em se tratando de coisas espirituais, mentais e temporais, ao lugar em que estariam.

Se vocês olharem para trás, para Minhas Palavras a vocês, verão que minha liderança tem sido muito gradual e que apenas quando vocês cumpriram com Meus desejos Eu fui capaz de dar a vocês ensinamentos e instruções mais claros e definidos.

O êxtase do homem é o toque de Deus em nervos espirituais responsivos. Alegria, alegria, alegria.

Sua cruz são vocês mesmas.   15 de março

LEMBREM-SE de que são apenas instrumentos. Não cabe a vocês decidir como, quando ou onde agir. Eu planejo tudo isso. Preparem-se para fazer meu trabalho. Tudo o que atrapalhe sua atividade deve ser curado.

A Cruz sobre a qual as cargas do mundo são colocadas é Minha. Como é tolo qualquer um de meus discípulos que busca carregar suas próprias cargas, quando só há um lugar para elas — a Minha Cruz.

É como um homem, exausto, em uma estrada quente e poeirenta, carregando uma carga pesada, quando todos os planos já foram feitos para sua carruagem. A estrada, a vista, as flores, a beleza em volta, tudo isso é perdido.

Mas, minhas filhas, vocês podem pensar que eu disse: "Carreguem sua cruz diariamente e sigam-Me."

Sim, mas a cruz dada a cada uma de vocês é apenas uma cruz, desde que vocês possam crucificar seu ego, que atrapalha o progresso e a Alegria e impede o fluxo de Minha Vida e do Espírito Revigorante através do seu ser.

Ouçam-Me, Amem-Me, Alegrem-se em Mim. Regozijem.

Reflitam-Me. 16 de março

MINHAS filhas, Eu estou aqui ao seu lado. Aproximem-se de Mim em espírito. Fechem-se para as distrações do mundo. Eu sou sua Vida, o próprio fôlego de sua alma. Aprendam o que é se isolarem no esconderijo de seu ser, que também é Meu esconderijo.

A verdade é que Eu espero por um coração em muitos, mas tão poucos se retiram para esse lugar secreto para terem comunhão Comigo. Onde quer que a alma esteja, aí estou Eu. O homem tem raramente compreendido esse fato. Eu *estou* realmente no centro do ser de todo homem, mas, distraído com as coisas da vida dos sentidos, ele não me encontra.

Será que vocês percebem que estou lhes dizendo *verdades*, revelando-as, e não repetindo fatos já conhecidos há muito? Meditem em tudo que digo. Ponderem sobre isso. Não para tirarem suas próprias conclusões, mas para absorverem as Minhas.

Ao longo dos tempos, os homens têm estado ansiosos demais para dizer o que pensam sobre Minha Verdade, e, fazendo isso, erraram gravemente. Ouçam-Me. Falem

Comigo. Reflitam-Me. Não digam o que pensam *sobre* Mim. Minhas palavras não precisam de explicações humanas. Eu posso esclarecê-las a cada coração.

Tornem-Me real, e Me deixem fazer o trabalho que é Meu. Trazer uma alma a Mim é uma coisa, buscar ficar com ela para interpretá-la destrói o primeiro grande ato. Assim é com o relacionamento humano. Quanto mais quando é uma questão da alma, e Eu, seu Criador, sou o único Espírito verdadeiro que a compreende.

Não há alegria maior. 17 de março

RETIREM-SE para a calma da comunhão Comigo. Descansem, descansem, descansem nessa calma e nessa Paz. A Vida não conhece maior alegria do que aquela que vocês encontrarão no diálogo e na amizade Comigo.

Vocês são Minhas. Quando a alma encontra seu lar de descanso em Mim, é aí que a verdadeira Vida começa. Em Meu Reino, não contamos a vida em anos, como o homem o faz, mas apenas a partir de seu segundo nascimento, desse novo nascimento do qual Eu falei a Nicodemos, quando disse: "Vós precisais nascer de novo." Não conhecemos outra vida a não ser a Vida Eterna, e quando um homem nela penetra, aí então ele começa a viver.

E essa é a Vida Eterna, que conheçam a Deus, Meu Pai, e a Mim, o Filho enviado por Ele. A dita vida antes disso é extremamente imatura, infantil e vazia. Eu derramo Amor sobre vocês. Passem esse Amor adiante.

Não temam. Temer é tão tolo quanto se uma criancinha, com uma moedinha e um pai rico, se preocupasse com aluguel e contas, e com o que faria em relação a isso. Essa obra é Minha ou não? Vocês precisam confiar em Mim em tudo.

Peçam grandes coisas. 18 de março

OUÇAM, ouçam. Eu sou o seu Senhor. Não há outro antes de Mim. Apenas confiem em Mim em tudo. Meu Auxílio está disponível o tempo todo.

O caminho difícil já foi quase todo percorrido, mas vocês aprenderam com as lições que não poderiam ter aprendido de modo diferente. "O Reino dos Céus é tomado à força, e os violentos o tomam de assalto." Conquistem de Mim, com firme e simples confiança e oração persistente, os tesouros do Meu Reino.

Estou enviando coisas maravilhosas para vocês — Alegria, Paz, Segurança, Saúde, Felicidade, Riso.

Clamem por coisas grandes, verdadeiramente grandes agora. Lembrem-se de que nada é grande demais. Satisfaçam o desejo do Meu Coração, que é o desejo de dar. Bênçãos, bênçãos abundantes se derramam sobre vocês agora e sempre. Paz.

Coragem. 19 de março

Eu estou aqui. Não temam. Será que podem crer em Mim de verdade? Sou um Deus de Poder, assim como um Homem de Amor, muito humano, e ainda assim muito divino.

Apenas confiem. Eu não posso, e não falharei com vocês. Está tudo bem. Coragem.

Muitas pessoas estão orando por vocês.

Auxílio de todos os lados. 20 de março

Suas pequenas atividades tolas não têm valor intrínseco. Sejam aparentemente triviais, ou grandiosos, todos os atos são semelhantes se forem dirigidos por Mim. Apenas cessem de agir, a não ser segundo Minha Direção.

Eu sou o seu Senhor, apenas obedeçam-Me como esperariam que uma secretária fiel e diligente cumprisse com suas orientações. Apenas não tenham escolha, a não ser a Minha; nenhum desejo, a não ser o Meu.

Eu não dependo de nenhum mediador quando Sou o seu sustento. Meu Auxílio e fluxo material virão através de muitos canais.

Está tudo bem. 21 de março

Lembrem-se de Minhas Palavras a Meus discípulos: "Mas esta casta não se expulsa senão pela oração e pelo jejum." Será que vocês podem trilhar o caminho que trilhei? Será que podem beber da Minha taça? "Está tudo bem." Digam sempre, "Está tudo bem."

Apesar do caminho parecer longo demais, ele não tem um centímetro a mais do que deveria. Eu, o seu Senhor, não somente estou com vocês na jornada: Eu a planejei, Eu a planejo.

Há Alegrias indizíveis na senda que vocês estão percorrendo. Coragem, coragem, coragem.

Um botão aberto. 22 de março

Todo Poder me foi dado, a Mim, seu Amigo íntimo. Ele foi dado a Mim por Meu Pai, e Meus amigos íntimos não têm o direito de pedir por ele?

Não há necessidade que vocês tenham que Eu não possa suprir. Uma flor ou mil libras, nenhuma é mais difícil do que a outra.

Sua necessidade é a necessidade espiritual de realizar a Minha obra. Todo suprimento espiritual é talhado no Amor. A flor e as mil libras, ambas talhadas no Amor por aqueles que delas necessitam. Será que vocês não vêem isso?

Eu pensei em vocês, um botão se abriu, vocês transformaram isso em um encorajamento para alguém amado ou em um sorriso. Esse encorajamento significou mais saúde. Mais saúde significa trabalhar para Mim, o que representa ganhar almas para Mim, e assim por diante, em um suprimento constante, mas somente se a necessidade for espiritual.

Até que seu coração cante. 23 de março

Eu estou ao seu lado para abençoá-las e ajudá-las. Não vacilem em suas orações. Elas serão ouvidas. Todo Poder Me foi dado. Digam isso a vocês mesmas, freqüente e resolutamente.

Digam isso até que seu coração cante com a Alegria da segurança e do poder que isso significa para vocês.

Digam isso até que a própria força da declaração faça retroceder e anule todo mal contra vocês.

Usem isso como um grito de Guerra: "Todo poder foi dado a Meu Senhor." "Todo poder foi dado a meu Amigo", "Todo poder foi dado a Meu Salvador", e então vocês alcançarão a vitória.

Conheçam-Me. 24 de março

Eu estou aqui. Não procurem conhecer o futuro. Por misericórdia Eu o escondo de vocês.

A fé é uma posse preciosa demais para ser sacrificada em prol do conhecimento. Mas a própria Fé tem base no conhecimento de Mim.

Então, lembrem-se de que o objetivo desse momento vespertino não é conhecer o futuro nem receber revelações sobre o Oculto, mas obter conhecimento íntimo de Mim, o que ensinará a vocês todas as coisas e será o próprio fundamento de sua fé.

Maravilhas serão reveladas. 25 de março

Eu estou com vocês. Não temam. Nunca duvidem do Meu Amor e Poder. As alturas de seu sucesso serão conquistadas pelo cumprimento diário e persistente do que Eu tenho dito.

Persistência diária e determinada. Como uma pedra se gasta pelas gotas constantes de água, assim sua persistência diária afastará todas as dificuldades e conquistará o sucesso para vocês, assegurando sua ajuda a outros.

Nunca vacilem, mas avancem ousadamente e sem medo. Eu estou ao seu lado para ajudá-las e fortalecê-las.

Maravilhas já se revelaram, e outras ainda se revelarão, além de seus sonhos, além de suas esperanças.

Digam: "Está tudo bem" em tudo. Está tudo bem.

Sigam seu guia. 26 de março

Eu estou com vocês para guiá-las e ajudá-las. Forças invisíveis controlam seus destinos. Seus medos insignificantes não têm razão de ser.

O que dizer de um homem que, caminhando por uma trilha maravilhosa, se preocupava porque à sua frente estava um rio que ele poderia não ser capaz de cruzar, quando o tempo todo aquele rio já era atravessado por uma ponte? E se esse homem tivesse um amigo que conhecesse o caminho — que o tivesse projetado — e assegurado a ele que em nenhum momento na jornada haveria nenhuma circunstância imprevista e que tudo estaria bem?

Então, deixem de lado suas lágrimas tolas e sigam-Me. A Mim, seu Guia, e se recusem terminantemente a considerar os problemas de amanhã. Minha mensagem para vocês é que confiem e esperem.

Avancem. 27 de março

Descansem em Mim, aquietem-se em Meu Amor, fortaleçam-se em Meu Poder. Pensem no que é possuir um Poder maior do que qualquer força terrena, muito maior e de maior alcance do que o de qualquer rei terreno.

Nenhuma invenção, nenhuma eletricidade, nenhum magnetismo, nenhum ouro poderia conquistar um milionésimo de tudo o que vocês podem obter pelo Poder do Meu Espírito. Pensem apenas por um momento no que isso tudo significa.

Avancem. Vocês estão apenas começando a nova Vida juntas. Alegria, alegria, alegria.

Montanhas do mal. 28 de março

A FÉ e a obediência removerão as montanhas, montanhas do mal, montanhas de dificuldades. Mas elas precisam andar juntas.

Uma vida separada. 29 de março

EU recompenso sua busca com a Minha Presença. Regozijem-se e alegrem-se. Eu sou o seu Deus. A Coragem e a alegria vencerão todos os problemas. As primeiras coisas primeiro.

Busquem-Me, amem-Me, alegrem-se em Mim. Eu sou seu Guia. Nenhum perigo pode apavorá-las, nenhuma disciplina exauri-las. Perseverem. Será que podem se segurar em Minha força? Eu preciso mais de vocês do que vocês precisam de Mim. Lutem enquanto passam por esses momentos por amor de Mim. A iniciação precede todo trabalho real e sucesso para Mim.

Vocês estão prontas a viver uma vida separada? Separada Comigo? No mundo, e ainda assim separadas Comigo? Saindo de seus momentos secretos de comunhão para resgatarem e salvarem?

Livramento. 30 de março

SEJAM calmas, verdadeiras, tranqüilas. Eu guardo vocês. Descansem em Meu amor. Alegrem-se na própria

Beleza da Santidade. Vocês são Minhas. O Livramento está ao seu alcance, mas a Gratidão e a Alegria abrem as portas.

Tentem ser muito alegres, muito felizes e muito gratas em tudo. Eu não abençôo a resignação passiva, mas a aceitação e antegozo feliz.

O riso é a expressão exterior da alegria. É por isso que Eu insisto constantemente para que vocês Amem e Riam.

Oferta de amor. 31 de março

Eu sou o seu Senhor, dono de toda graça e amor. Descansem em Meu Amor, caminhem em Meus caminhos. Cada semana é uma semana de progresso, de progresso constante rumo ao Alto. Pode ser que vocês não notem isso, mas Eu vejo.

Eu não julgo pela aparência exterior. Eu julgo o coração, e reconheço nos seus um único desejo, o de fazer a Minha Vontade. A oferta mais simples, feita por uma criança, trazida ou criada com o desejo de agradar vocês ou de demonstrar o amor que ela sente por vocês, não lhes é mais cara do que os presentes dos que não as amam?

Então, apesar de vocês pensarem que seu trabalho foi perdido ou embaçado, Eu o vejo apenas como uma oferta de Amor. Coragem, minhas filhas.

Quando sobe uma encosta íngreme, um homem muitas vezes tem mais consciência de seus pés trôpegos do que da vista e da beleza ao seu redor, ou até mesmo de seu progresso para o alto.

Perseverem, perseverem. Amem e riam. Regozijem-se.

ABRIL

Isolado de Deus. 1º de abril

SERÁ que vocês não vêem, Minhas filhas, que ainda não aprenderam tudo? Dentro em breve, vocês terão aprendido sua lição, e então serão realmente capazes de fazer tudo através de Mim e de Minha Força.

Será que não vêem como foi com Meus Discípulos? Tímidos, incrédulos seguidores, e então, tão logo, eles mesmos se tornaram líderes, curadores, conquistadores, por meio de Mim.

Todo conhecimento era Meu por ter sido dado por Meu Pai, e Meu durante meus anos de humanidade na Terra. Vocês compreendem isso, minhas filhas, sei que compreendem.

Milhares de servos sofreram traição e morte, e outros, que não Me conheciam, não sentiam agonia alguma diante desse fato.

Se Eu não fosse o Filho de Deus, carregando o peso do pecado humano, levando-o voluntariamente em Meu próprio livre-arbítrio, por um momento de horror, Eu fiquei fora de Sua visão, junto com o homem pecador, por um curto momento — se Eu não fosse Deus, se esse não tivesse sido Meu sofrimento, então Eu não seria nada além de um abjeto mortal.

A bênção incalculável. 2 de abril

Eu estou aqui. Aqui, como estava verdadeiramente com Meus Discípulos de antigamente. Aqui, para ajudar e abençoar vocês. Aqui, para fazer companhia a vocês. Será que ainda não sabem, minhas filhas, que essa é a bênção preciosa de suas vidas? Eu as perdôo, como vocês Me pediram em oração, por toda negligência a Meus mandamentos, mas, comecem uma nova vida hoje.

Estudem Minhas palavras e obedeçam-nas com total decisão. Quando fizerem isso, descobrirão que são capazes de grandes milagres, trabalhando Comigo — para Mim. Lembrem-se disso, não é o que vocês *fazem*, mas o que são: esse é o poder que opera milagres.

Transformadas pelo Meu Espírito, despindo-se de uma veste espiritual em troca de outra melhor, e, no tempo certo, jogando fora essa, para obter outra ainda melhor, e assim por diante, de caráter em caráter, gradualmente transformadas à Minha semelhança.

Alegria, alegria, alegria.

Grandeza é serviço. 3 de abril

MINHAS filhas, estou aqui, seu Senhor, que espera, pronto, por seu chamado. Estou no meio de vocês como servo, humilde e modesto, pronto a ser usado e a receber ordens. Lembrem-se de que essa é a melhor qualidade da grandeza: o serviço. Eu, que poderia comandar o universo, espero pelas ordens de meus filhos. Incluam-me em tudo.

Vocês encontrarão muita Alegria à medida que o tempo passa, ao falarem uma com a outra sobre Mim, e juntas subirão cada vez mais alto, sempre humildes e modestas de coração. Aprendam isso: não almejem nenhuma posição, sejam apenas servas.

A eficiência divina. 4 de abril

EU sou onipotente e onisciente e tenho tudo que se relaciona a vocês em Minhas Mãos. A eficiência Divina, assim como o poder Divino, está sendo derramado sobre vocês. Todo milagre não é a obra de um momento, como tão freqüentemente os homens imaginam.

Meu servo Pedro não foi transformado em um segundo de um simples pescador em um grande líder e mestre, mas foi por meio de seu próprio tempo de incredulidade, por meio de seu próprio tempo de negação que Eu o transformei em tudo que ele seria: um orador impetuoso como sempre foi, pronto a liderar seus discípulos. Pedro nunca poderia ter sido a potência que foi se não tivesse descoberto suas próprias fraquezas. Nenhum homem pode salvar, a menos que compreenda o pecador.

O Pedro que foi uma força poderosa para Mim mais tarde, que, mais do que todos os outros, fundou Minha igreja, não foi o mesmo primeiro Pedro, que disse: "Você é o Cristo, o Filho de Deus", mas o Pedro que Me negou. Aquele que provou Meu perdão, em seu momento de remorso abjeto, poderia melhor falar de Mim como Salvador.

O Reino dos Céus só pode ser pregado por aqueles que aprenderam a prezar a Sua autoridade. Um treinamento múltiplo de que Meus Apóstolos precisavam. Oh! Alegria. Oh! Alegrem-se. Eu as amo. Eu não as farei passar por nenhum teste desnecessário.

O intérprete do coração.   5 de abril

DESCANSEM em Mim. Busquem, nesses momentos vespertinos, apenas a Minha companhia. Não sintam que falharam se às vezes Eu pedir a vocês que apenas descansem juntas em Minha Presença.

Eu estou com vocês; estou muito presente na vida de vocês duas, não somente nesses momentos, mas sempre. Conscientizem-se de Minha Presença. A terra não tem maior alegria do que essa.

Eu sou o grande Intérprete do coração. Até mesmo as almas que se aproximam mais umas das outras têm muito em suas naturezas que permanecem um livro fechado para o outro, e somente quando Eu entro e tomo o controle de suas vidas é que revelo a cada um os mistérios do outro.

Cada alma é diferente: somente Eu compreendo perfeitamente a linguagem individual e posso fazer a interpretação entre os dois.

Alegria da Páscoa. 6 de abril

Eu imponho Minhas mãos amorosas sobre vocês e as abençôo. Esperem em Amor e anseiem por sentir sua suave pressão. Enquanto esperam, coragem e esperança fluirão através de seu ser, irradiando suas vidas com o sol quente de Minha Presença.

Deixem que tudo acompanhe o fluir desse Espírito Pascal. Abram mão de seu apego à terra, a seus cuidados, suas preocupações e até mesmo suas alegrias. Abram as mãos, relaxem, e então a maré de Alegria Pascal virá. Deixem de lado todo pensamento sobre o futuro e o passado. Desistam de tudo para conquistar o Sacramento Pascal da Vida Espiritual.

Muito freqüentemente o homem, clamando por alguma bênção, ainda se agarra de tal forma a algum tesouro terrestre que não tem as mãos livres para receber os Meus, quando Eu os estendo para ele em Amor. A Páscoa é a época mais maravilhosa do ano. A bênção está ao seu alcance. Peguem-na. Sacrifiquem tudo por ela.

Calvário. 7 de abril

Da morte do Meu Corpo na Cruz, assim como da casca partida na semente, brota aquela Nova Vida que é o Meu Dom para todo homem que o aceitar.

Morram Comigo, sacrifiquem seus egos e tudo que se relaciona à sua vida material, e então conhecerão o êxtase e a Alegria da Ressurreição da Páscoa.

Vocês podem então alcançar Uma Vida Ressurreta, feliz e livre.

Maria deixou casa e familiares, amigos, tudo, naquela manhã de Páscoa, para ir à Minha procura, e não cessou sua busca até a ascensão triunfante do seu "Raboni".

Assim é com cada um de vocês. Muitos falam de um Cristo morto. Busquem-Me, até Me encontrarem face a face, e chamem suavemente Meu nome, pois isso faz com que seu "Raboni" se manifeste com Alegria.

Marcas do Reino. 8 de abril

Nosso Salvador, nós Te adoramos.
Teu Amor e Sacrifício retribuímos em nossa medida,
pobre e insuficiente, com Amor e sacrifício.

Nenhum presente é pequeno, se expressar o verdadeiro Amor do doador. Então, para Mim, o dom do seu coração é rico e precioso. Alegrem-se em Minha feliz aceitação enquanto Me trazem suas ofertas de Páscoa.

Meus filhos precisam tomar uma posição. "Saí do meio deles e vos separeis" foi o mandamento. Hoje em dia, Meus filhos devem sobressair na vida e no trabalho, no Amor e no serviço. Eu chamei um Povo Especial para fazer conhecido Meu nome. Meu servo Paulo disse que Meus seguidores deveriam estar dispostos a serem considerados "loucos" por Amor de Mim.

Estejam prontas a se separarem e a deixarem as tendências e costumes do mundo, quando a Minha Glória e Meu Reino forem prejudicados por eles. Sejam conhecidas pelas Marcas que distinguem os que pertencem a Meu Reino. Estejam prontas a Me confessar diante dos homens e a considerar perdidas todas as coisas de modo a Me conquistarem em suas vidas.

Uma vida ressurreta. 9 de abril

Dispõe-te, resplandece, porque vem a tua luz,
e a glória do Senhor nasce sobre ti.
— Isaías 60:1.

MEU Chamado chega nesse dia, para todos os que Me amam, é para que se livrem das amarras terrenas, do pecado, da preguiça, da depressão, da incredulidade, do medo, de tudo que impede a Vida Ressurreta. Para produzirem a Beleza, a Santidade, a Alegria, a Paz, para trabalharem inspiradas pelo Amor e Alegria, para se erguerem da morte para a vida.

Lembrem-se de que a morte foi o último inimigo destruído. Então, com sua derrota, Minha Vitória foi completa. Por isso vocês não têm nada a temer. O pecado, também, é conquistado e perdoado à medida que vocês vivem, se movem e trabalham Comigo. Tudo que as deprime, tudo que vocês temem é incapaz de tocá-las. São apenas fantasmas. As verdadeiras forças foram vencidas por mim no deserto, no Jardim do Getsêmani, na Cruz, no Sepulcro.

Não deixem que nada atrapalhe sua Vida Ressurreta. "Ressuscitados com Cristo", disse meu servo Paulo. Busquem conhecer cada vez mais essa Vida Ressurreta. Essa é a Vida de Conquistas. Dela foi dito, com grande verdade: "Não sou mais eu que vivo, mas Cristo vive em mim." Medo, desespero e lágrimas vêm quando vocês se colocam junto ao Túmulo Vazio. "Eles levaram meu Senhor e Eu não sei onde o puseram."

Libertem-se de seus medos e saiam ao sol, para Me encontrarem, seu Senhor Ressurreto. O espírito de cada dia dependerá de vocês se encontrarem, seja com o espírito do túmulo, seja com o Espírito da Ressurreição. Escolham deliberadamente um e rejeitem o outro.

O orgulho fecha o caminho. 10 de abril

A OBEDIÊNCIA é uma das chaves para destrancar a porta que leva ao Meu Reino; então, amem e obedeçam. Ninguém pode Me obedecer implicitamente sem antes ter se conscientizado do Meu Amor, retribuindo por sua vez esse amor Àquele amor, e então vivenciando a alegria do amado e do amante.

Os degraus de pedra bruta da obediência levam ao mosaico de Alegria e Amor que pavimentam Meu Céu. Como uma pessoa que ama outra na terra diz que "meu lar é onde você estiver", assim é em relação a Mim. Onde Eu estou é Meu Lar: é o Céu.

O Céu pode estar em uma favela sórdida ou em um palácio, e Eu posso fazer Minha Morada no coração mais humilde. Eu só posso habitar com o simples. O orgulho é uma sentinela à porta do coração, que barra o Cristo modesto e humilde.

Defendam seu forte. 11 de abril

LEMBREM-SE de que Meus seguidores devem ser um povo especial, separado dos outros. Caminhos diferentes, um estilo de vida diferente, hábitos diferentes, impulsionados por motivos diferentes. Orem por Amor.

Orem para que Meu Espírito de Amor seja derramado em todos os que vocês encontrarem. Deixem de lado toda complacência com vocês mesmas. Aprendam a amar a disciplina.

Nunca recuem de um ponto que já tenham atingido. Disciplina, disciplina. Amem-na e rejubilem-se — rejubilem-se. As montanhas podem ser removidas apenas pelo pensamento — pelo desejo.

Oportunidade de ouro. 12 de abril

Eu sou o seu Guia. Enviarei Minha Força e ajuda a vocês; apenas confiem completamente em Mim.

Não temam. Eu sempre estou mais disposto a ouvir suas orações do que vocês a clamarem a Mim. Andem em Meus caminhos, e *saibam* que Eu enviarei Meu auxílio.

A necessidade do homem é a oportunidade que Deus tem de ajudá-lo. Eu amo auxiliar e salvar. A necessidade do homem é a oportunidade de ouro de Deus para que a fé humana se expresse. Essa expressão de fé é tudo que Deus precisa para manifestar Seu Poder. A Fé é a Chave que abre os armazéns cheios de bênçãos divinas.

Minhas servas fiéis, vocês buscam ansiosamente a perfeição e reconhecem suas falhas dolorosas. Eu vejo sua fidelidade, e, como uma mãe pega o trabalho borrado e imperfeito de seu filho e o corrige com perfeição por causa de seu grande amor, Eu tomo sua pequena fé e a corôo de perfeição.

Sejam gentis com todos. 13 de abril

AMEM e alegrem-se. Tornem seu mundo mais feliz pelo fato de viverem nele. Amem e rejubilem-se nos dias cinzentos.

Há dias de deserto e Montes da Transfiguração para Meus Discípulos, mas em ambos os momentos o que conta é o dever cumprido persistente e fielmente.

Sejam gentis com todos. Tentem ver o coração que Eu vejo, descobrir as dores e dificuldades da vida do outro, que Eu conheço. Tentem, antes de conversarem, de falarem com qualquer pessoa, me pedir que Eu aja como intérprete entre vocês.

Apenas vivam em espírito de oração. Ao falarem Comigo, encontrarão descanso para suas almas. Tarefas simples realizadas fiel e persistentemente trazem sua própria recompensa e são os mosaicos aplicados no piso do sucesso. Recebam com amor todos os que vierem aqui. Eu as amo.

Um jugo semelhante. 14 de abril

MINHAS filhas, Eu as guio em todo tempo. Nem sempre, porém, vocês andam no caminho, mas o meu Guiar é contínuo e certo. Deus está usando ambas de modo maravilhoso. Continuem alegremente e verão.

Para ser um ginasta perfeito é preciso aprender o equilíbrio. Equilíbrio e postura, perfeito equilíbrio e postura é o que estou ensinando a vocês agora. Eles darão a vocês o poder de lidar com a vida de outros, poder esse que já está se manifestando maravilhosamente.

Permaneçam em Mim e façam de Mim o centro de suas vidas. Coloquem-Me solidamente no centro de todo o seu ser (vocês duas), o que dará a vocês o verdadeiro equilíbrio, como acontece com qualquer instrumento delicado.

A visão que vocês duas têm é o meio de afastar obstáculos de suas vidas. Quando Meu discípulo vê o Meu propósito diante dele, essa própria visão é o poder que afasta todo obstáculo contido nesse campo de visão. Vocês duas terão muito poder para fazer isso. A Luz Espiritual por si só já tem muito poder de operar milagres.

As pessoas perdem muito tempo buscando processar o que vêem. Eu declaro a vocês que basta que vejam Meu propósito. A verdade, Eu disse a Meus Discípulos: "Tenho muitas coisas a dizer a vocês agora, mas vocês não a suportariam." Para vocês, no entanto, e para aqueles que se reúnem para Me ouvir como vocês, Eu posso declarar tudo que deixei de dizer agora.

A mensagem do Meu servo Paulo agora está completa: "Não se ponham em jugo desigual com incrédulos", porque o Meu Guiar é intensificado incomensuravelmente em poder quando dois têm o mesmo desejo de estar Comigo; pena que tão poucos tenham compreendido isso.

Nunca se sintam incompetentes. 15 de abril

OBEDEÇAM a Minhas ordens. Elas são degraus na escada que leva ao sucesso. Acima de tudo, mantenham-se tranqüilas e inabaláveis.

Voltem ao silêncio para recuperar a calma sempre que ela for perdida, nem que seja por um só momento. Vocês realizarão mais com isso do que com todas as atividades de um longo dia. Mantenham-se calmas a todo custo, pois vocês não poderão ajudar ninguém quando estiverem agitadas. Eu, o seu Senhor, não vejo como o homem vê.

Nunca se sintam incompetentes em relação a qualquer tarefa. Todo trabalho aqui é realizado por Meu Espírito, que pode fluir através dos mais humildes e simples. Ele precisa apenas de um canal desbloqueado. Livrem-se do ego e tudo ficará bem.

Orem sobre tudo, mas concentrem-se em algumas poucas coisas até que elas sejam conquistadas. Eu estou cuidando de vocês e dou a vocês a força para vencer suas tarefas a cada dia e a cada hora. Se vocês não clamarem por ela e não receberem o bastante, o pecado e a culpa são todos seus.

Amem seus servos. 16 de abril

Amor, amor, amor. O suave amor é o segredo. Amem os que estão sendo treinados por vocês, amem os que trabalham com vocês, amem os que servem vocês.

Permaneçam nesse pensamento: Deus é Amor. Liguem-se ao Meu: "Eu e o Pai somos um." Reflitam longamente em Minhas ações na terra. Vejam nelas o Amor em ação.

Se foi Deus que agiu assim, foi o Amor, Amor Perfeito, que realizou aqueles atos e maravilhas. Então vocês, também, deverão colocar o Amor (Deus) em ação em suas vidas. Amor Perfeito significa perdão perfeito. Então, minhas filhas, vocês entendem que onde Deus está não pode haver falta de perdão, pois isso representa na verdade falta de amor.

Deus é Amor... e não julgamento
Deus é Amor... e não ressentimento
Deus é Amor... e toda paciência
Deus é Amor... e todo poder
Deus é Amor... e todo suprimento

Tudo o que vocês precisam ter é amor a Deus e aos homens. O Amor a Deus assegura a obediência a todo desejo, a todo mandamento. O Amor é o cumprimento de toda lei.

Orem muito por amor.

As duas alegrias. 17 de abril

MINHAS filhas, eis que Eu venho. Os Corações ansiosos por fazer Minha Vontade enviam um chamado ao qual Eu nunca resisto. Nesse caso, Eu não conheço nenhuma barreira.

A resignação à Minha Vontade me fecha o caminho a mais corações do que a incredulidade. Será que há crime maior contra o Amor do que a resignação? Minha Vontade deveria ser acolhida com alegria e admiração, para que Eu possa fazer a minha obra no seu coração e na sua vida.

A única resignação que Eu poderia possivelmente aceitar seria quando o Ego, expulso por Minhas reivindicações, aceita o inevitável e renuncia ao trono em Meu favor, deixando Meu Discípulo livre para realizar a Minha Vontade e para receber com alegria e êxtase o Meu Desejo.

Em todo discipulado verdadeiro, assim como no desenvolvimento espiritual verdadeiro de cada discípulo, há primeiro o maravilhar e a alegria do primeiro amor, e depois, a longa jornada da aprendizagem e da disciplina, quando a Alegria parece algo do passado que nunca mais será recuperado.

A experiência constante Comigo, no entanto, o reconhecimento persistente de Minha Obra nos acontecimentos do dia-a-dia, o peso da evidência constantemente acumulada confirmando o Meu Guiar, os inúmeros exemplos nos quais aparentes e maravilhosas coincidências podem ser, devem ser, atribuídas a Minha Previdência amorosa, tudo isso gradualmente cria admiração, certeza e gratidão, seguidas, a seu tempo, pela Alegria.

A Alegria tem duas formas. Aquela nascida do Amor e da Admiração, e a nascida do Amor e do Conhecimento; entre a experiência das duas se encontra a disciplina, o desapontamento, a quase desilusão.

Combatam esses sentimentos com a Minha Força, ou apeguem-se cega e incondicionalmente a Mim, e deixem que Eu as combata enquanto vocês perseveram, obedecendo à Minha Vontade e aceitando Minha disciplina, e a segunda Alegria se seguirá.

E é dessa segunda Alegria que Eu disse: "Vossa Alegria, nenhum homem a poderá roubar."

Não sintam falta da primeira, pois a segunda representa um dom ainda maior.

Livres de dias escuros. 18 de abril

MUITA luz e muita alegria emanam dessa casa e afetam todos os que vêm aqui.

Não sintam que devem se esforçar para ajudá-los. Apenas amem-nos, recebam-nos, cumulem-nos de pequenas atenções e demonstrações de amor, e eles serão auxiliados.

Deus é Amor. Dêem a eles Amor, e vocês estarão lhes dando Deus. Em seguida, deixem que Ele faça Sua Obra. Amem todos, até mesmo os mendigos. Não mandem ninguém embora sem uma palavra de estímulo, sem a certeza de que vocês se importam com ele. Pode ser que Eu tenha colocado em algum coração desesperado o impulso de vir aqui. Se não fizerem como Eu digo, poderão falhar Comigo, pensem nisso!

Além disso, vocês não têm escolha. Vocês Me disseram que essa era a Minha Casa, e Eu a usarei. Lembrem-se disso. Não haveria dias invernais e escuros se houvesse Amor no coração de todos os Meus filhos.

Oh! Minhas filhas, será que não conseguem sentir a alegria de Me conhecer, Me amar e Me fazer companhia?

A vida é uma história de amor.   19 de abril

Vocês precisam de Mim. Eu preciso de vocês.

Meu mundo partido precisa de vocês. Muitos corações exaustos e perturbados precisam de vocês. Inúmeros corações em tormento serão alegrados por vocês e atraídos a Mim por vocês duas.

Saúde, Paz, Alegria, Paciência, Perseverança, tudo isso vem de sua proximidade Comigo.

Oh! Esse é um caminho glorioso, o caminho para o alto, as maravilhosas descobertas, a suave intimidade, o admirável, quase incompreensível entendimento. Verdadeiramente, a Vida Cristã — a Vida Comigo — é uma História de Amor. Deixem tudo em Minhas Mãos.

Tudo de que vocês têm sentido falta, encontrarão em Mim, o Amante da Alma, o Amigo da Alma, Pai, Mãe, Companheiro, Irmão. Experimentem a Minha presença.

Vocês nunca poderão exigir demais de Mim, nem colocar peso demasiado sobre Meu Amor e Paciência.

Clamem, clamem, clamem, por Cura, Poder, Alegria, Provisão, e receberão.

A agonia do coração. 20 de abril

Há uma Cruz do Calvário na qual cada um está pendurado, sozinho, abandonado até mesmo pelos mais próximos e mais queridos. Mas, ao lado dessa Cruz, há uma outra, e Eu falo pouco com os Meus queridos, apenas fico ali, pendurado novamente ao lado de cada um durante suas horas de agonia do coração.

Será que vocês alguma vez já pensaram na Alegria que a obediência paciente, gentil e amorosa dos Meus discípulos traz ao Meu Coração? Não conheço Alegria maior do que a que sinto com a confiança amorosa de cada querido Meu.

As feridas nas Mãos e Pés doem pouco se comparadas aos ferimentos do Coração, que são provocadas, não por Meus inimigos, mas por Meus amigos.

Poucas dúvidas, poucos medos, poucos mal-entendidos. São as pequenas coisas do dia-a-dia que alegram Meu Coração. Sou Eu, seu Mestre, que falo com vocês.

Vocês vencerão. 21 de abril

Eu estou com vocês. Minha Presença é sinal do Meu perdão. Eu as sustento.

Vocês vencerão. Não temam as mudanças. Vocês nunca devem temer mudanças, pois Eu, o seu Senhor, não mudo. Jesus Cristo é o mesmo ontem, hoje e sempre. Eu estou ao seu lado. A firmeza e a imutabilidade também virão a vocês, se permanecerem em Mim. Descansem em Mim.

Assim como respirar corretamente, após ter sido uma questão de prática cuidadosa, se torna um hábito que, apesar de inconsciente, é certo, o mesmo acontecerá se vocês praticarem com regularidade essa volta à Minha Presença quando a menor sensação de inquietação perturbar sua perfeita calma e harmonia; também isso se tornará um hábito, e vocês crescerão para viver nessa perfeita consciência da Minha Presença, e terão calma e harmonia perfeitas.

A vida é uma escola. Lembrem-se de que apenas o aluno que demonstrar grande potencial de trabalho futuro será selecionado pelo Mestre para disciplina energética e incansável, para ensino e treinamento.

Vocês estão pedindo para serem diferentes de centenas de Meus seguidores, de muitos milhares deles, para se tornarem como aqueles que Me refletem em tudo o que dizem, fazem e são. Então, Minhas queridas filhas, não considerem esse treinamento como algo difícil, mas como a resposta sensível e amorosa a seu pedido.

A vida nunca mais será a mesma para vocês, uma vez que tiverem bebido do vinho que Eu lhes dou, a Vida Eterna; todas as tentativas terrenas de saciar sua sede falharão.

Não reclamem: alegrem-se. 22 de abril

CONFIEM em Mim. Façam o que Eu digo em todos os momentos e vocês ficarão realmente bem. Sigam à risca Meus mandamentos. O controle Divino e a obediência sem questionamentos são as únicas condições para a ampla provisão de suas próprias necessidades e das dos outros.

As tarefas que Eu atribuí a vocês não têm aparentemente conexão com esse suprimento. Os mandamentos são Meus, a provisão é Minha, e Eu estabeleço Minhas próprias condições, diferentes em cada caso, adaptadas às necessidades individuais de cada discípulo Meu.

Não temam, avancem. A Alegria, radiante Alegria, deve ser sua. Transformem todo desapontamento, até mesmo se somente momentâneo, em Alegria. Transformem cada queixa em riso.

Descanso, Amor, Alegria, Paz, Trabalho; os mais poderosos desses são Amor e Alegria.

Conversas demais. 23 de abril

Vocês serão cada vez mais guiadas por Mim, à medida que viverem mais e mais Comigo. Essa é a conseqüência indubitável.

Mas *nesses* momentos vocês não devem pedir para que Eu revele e oriente, pois são momentos em que devem sentir e se conscientizar de Minha Presença. Será que o ramo pede constantemente à Videira que envie a ela mais seiva ou que mostre em que direção deve crescer? Não, isso acontece naturalmente a partir de sua própria união com a Videira. Eu disse: "Sou a Videira verdadeira e vocês são os ramos."

Nesses ramos se penduram as uvas escolhidas, oferecendo alegria e alimento a todos, e no entanto nenhum ramo pensaria que a fruta, as uvas, eram formadas e criadas por ele.

Não! As uvas são fruto da Videira, do Plano-Mestre. O trabalho do ramo é ser um canal para o fluxo de vida.

Então, Minhas filhas, a união Comigo é uma necessidade enorme, poderosa e irresistível. Todo o resto se segue naturalmente, e a união Comigo pode ser o resultado da simples consciência de Minha Presença. Não estejam prontas demais a falar com os outros. Nunca se forcem a fazer isso.

Orem sempre para que a necessidade seja aparente, se precisarem fazê-lo, e que a orientação seja muito clara. Meu Espírito tem sido apagado pelas palavras dos homens. Palavras, palavras, palavras. Muitos têm me chamado Senhor, Senhor, e não tem feito o que Eu digo.

Desestimulem o muito falar. Os atos vivem e têm ecoado através dos tempos — as palavras perecem. Como disse Paulo:

Ainda que eu falasse as línguas dos homens e dos anjos,
se não tivesse amor, seria como o metal que soa ou o
címbalo que retine. E, ainda que tivesse o dom de profecia...
se não tivesse amor, nada seria...

Lembrem-se de que raramente Eu falo com palavras ao coração humano. O Homem Me verá em Minhas palavras concretizadas através de vocês, então encontrem-Me na atmosfera de Amor e de anulação de vocês mesmas. Não sintam que precisam falar.

Quando o homem parou de ter comunhão com seu Deus, simples e naturalmente, ele se refugiou em palavras — palavras. Babel resultou disso. Então Deus quis apagar o homem da face da terra. Confiem menos em palavras. Lembrem-se sempre de que a linguagem pertence aos sentidos. Então, façam dela sua serva, nunca sua mestra.

Eu vou adiante de vocês. 24 de abril

Vocês nunca perecerão, Minhas filhas, porque em seu interior está a Vida da Vida. A Vida que, através dos Tempos, tem sustentado Meus servos que passam por perigos, adversidade e dor.

Uma vez nascidas do Espírito, *que* é seu sopro de vida, vocês nunca devem duvidar nem se preocupar, mas trilhar passo a passo o caminho da liberdade. Tenham cuidado em caminhar Comigo, o que representa ausência de preocupações e ansiedade, mas não significa que vocês não precisem se esforçar. Quando Meus Discípulos Me disseram que estiveram acordados a noite inteira e não pescaram nada, Eu não enchi o barco de peixes sem esforço da parte deles. Não! Meu mandamento foi: "Lançai a rede à direita do barco."

A vida deles ficaram em perigo, o barco quase afundou, precisaram pedir ajuda aos colegas e redes partidas precisaram ser consertadas. Qualquer desses problemas poderia ter feito com que pensassem que Eu não os estava ajudando. Mas quando se sentaram à beira da água e consertaram aquelas redes, eles viam meu Amor e Cuidado.

O homem se eleva pelo esforço.

O homem que alcança o topo da montanha com a ajuda de um trem ou carro não aprendeu a lição do alpinista. Mas lembrem-se de que isso não significa que não teve um Guia, não significa que Meu Espírito não esteja suprindo sabedoria e força a ele. Quantas vezes, quando tantas vezes vocês mal percebem, Eu vou adiante de vocês para preparar o caminho, para suavizar um coração endurecido e para reinar ali.

Bendigam seus inimigos. 25 de abril

DIGAM freqüentemente "Deus abençoe..." a qualquer um que vocês acharem em desarmonia com vocês, ou a quem desejarem ajudar. Digam isso, desejando sinceramente que chuvas de bênçãos, alegria e sucesso caiam sobre eles.

Deixem Comigo a correção e instrução necessária; vocês devem apenas desejar alegria e bênçãos para eles. E agora suas orações são para que eles sejam instruídos e corrigidos.

Oh! Se Meus filhos deixassem o Meu trabalho para Mim e se ocupassem com as tarefas que Eu atribuo a eles! Amor, amor, amor. O Amor destruirá todas as dificuldades. O amor construirá todos os seus sucessos.

Deus, o destruidor do mal, Deus, o criador do bem, é Amor. Amar ao próximo é colocar Deus em ação em suas vidas. Colocar Deus em ação em suas vidas é manifestar toda harmonia, beleza, alegria e felicidade.

Eu crio as oportunidades. 26 de abril

NUNCA duvidem. Não temam. Quando notarem o mínimo tremor de medo, interrompam toda obra, parem tudo e descansem diante de Mim até estarem alegres e fortes novamente.

Façam o mesmo com toda sensação de cansaço. Eu também me senti exausto, na terra, e Me separei de Meus Discípulos, sentando-me junto à fonte. Descansei, e foi então que a mulher samaritana foi auxiliada.

Os momentos de retiro para descanso sempre precedem nova operação de milagres. Aprendam de Mim. Aceitar as limitações da carne é estar sujeito, exceto quando se tratar do pecado, às mesmas condições do homem.

Eu precisei ensinar o renovo da Força do Espírito, o descanso do corpo, a Meus Discípulos. Então, como seu Exemplo, Eu deitei a cabeça no travesseiro e dormi no barco. Não foi, como eles pensaram, indiferença. Eles gritaram: "Mestre, não te importa que pereçamos?" e Eu precisei ensinar a eles que a atividade constante não fazia parte do plano de Meu Pai.

Quando Paulo disse: "Eu posso todas as coisas em Cristo, que me fortalece", ele não quis dizer que faria todas as coisas para depois confiar em Mim para encontrar força. Ele quis dizer que poderia confiar em Minha provisão de força em relação a tudo que Eu ordenei que fizesse.

Minha Obra no mundo tem sido atrapalhada por trabalho demasiado. Muitos corpos inquietos e nervosos têm impulsionado o espírito, que deve sempre ser o mestre, e simples e naturalmente usar o corpo à medida que a necessidade aparecer. Descansem em Mim.

Não *busquem* trabalhar para mim. Nunca criem as oportunidades. Vivam Comigo e para Mim. Eu realizo a obra e *Eu* crio as oportunidades.

Vendo a Cristo. 27 de abril

Eu estou ao seu lado. Será que vocês não conseguem sentir Minha Presença?

O contato Comigo não é obtido pelos sentidos. A consciência espiritual substitui a visão.

Quando o homem me vê com olhos humanos, não significa forçosamente que sua percepção espiritual é maior. *Não, em vez disso Eu preciso transpor o físico e o espiritual para dar uma visão espiritual clara aos olhos do homem.*

Lembrem-se disso ao encorajarem Meus discípulos que nunca Me viram, mas que ainda assim têm tido uma consciência espiritual clara de Mim.

O caminho indireto. 28 de abril

ATRAVÉS dos arbustos, através dos locais perdidos, através dos pântanos, no topo das montanhas, no fundo dos vales, Eu as guio. Mas sempre, junto ao Meu Guiar, está Minha Mão Auxiliadora.

Sua glória está em seguir seu Mestre aonde quer que Ele vá. Mas lembrem-se de que um caminho variado nem sempre significa que vocês precisem de treinamento variado.

Estamos buscando ovelhas perdidas e levando o Reino a lugares nos quais ele nunca foi conhecido antes. Então, conscientizem-se de que estão se unindo a Mim em Minha busca — Minha busca imortal, seguindo a pista das almas.

Eu não estou escolhendo caminhos extenuantes e cansativos apenas para exauri-las e cansá-las; estamos saindo para salvar. Vocês podem nem sempre ver a alma que buscamos, mas *Eu* a conheço.

Desarmonia. 29 de abril

BUSQUEM e acharão. Vocês encontrarão aquele conhecimento espiritual que torna comuns os problemas da vida.

As dificuldades da vida são causadas pela desarmonia individual. Não há desacordo no Meu Reino, apenas algo ainda não conquistado em Meus Discípulos. A regra em Meu Reino é ordem perfeita, harmonia perfeita, provisão perfeita, amor perfeito, honestidade perfeita, obediência perfeita — todo poder, toda vitória, todo sucesso.

Muito freqüentemente, porém, Meus servos carecem de poder, vitória, sucesso, provisão e harmonia, e pensam que Eu falhei em Minhas promessas porque esses valores não são manifestados em suas vidas.

Essas são apenas as manifestações externas que resultam da obediência, honestidade, ordem, amor, e vêm, não em resposta a orações urgentes, mas naturalmente, assim como a luz resulta de um candelabro aceso.

Tempo de primavera. 30 de abril

ALEGREM-SE nessa época primaveril do ano. Deixem que também seja primavera em seus corações. A maturidade do fruto ainda não aconteceu, mas há a promessa da florescência. Saibam com certeza que suas vidas também estão cheias de promessas felizes. Bênçãos maravilhosas virão a vocês. Alegrias e maravilhas.

Tudo está realmente bem. Vivam em Meu Sol e Meu Amor.

MAIO

**A demora não significa
resposta negativa.** 1º de maio

Vejam as lições sobre o Controle Divino nas leis da Natureza.

A Natureza não é nada mais do que a expressão do Pensamento Eterno no Tempo. Estudem a forma exterior, captem o pensamento Eterno, e, se puderem ler os pensamentos do Pai, então O conhecerão verdadeiramente.

Não Me deixem fora de nada. Amem todos os Meus caminhos em vocês. Saibam realmente que "está tudo bem". O atraso é apenas a restrição maravilhosa e todo-amorosa do Pai, e não a relutância, nem o desejo de negar, mas o controle Divino de um Pai que mal pode suportar o adiamento.

Às vezes, a demora é necessária. Suas vidas estão tão fortemente ligadas às de outros, tão submetidas às circunstâncias, que seria preciso fazer com que outro desejo ou oração sincera não fosse atendida para que a sua tivesse resposta imediata.

Mas pensem por um momento no Amor e cuidado extremo que buscam harmonizar e conciliar todos os seus desejos, anseios e orações.

A demora não significa negação e nem mesmo retenção, mas a oportunidade de Deus trabalhar em seus problemas e de suprir seus desejos do modo mais maravilhoso possível para vocês.

Ó filhas, confiem em Mim, lembrem-se de que seu Criador também é seu Servo, rápido em responder, rápido em realizar, fiel em cumprir. Sim. Está tudo bem.

Almas que sorriem. 2 de maio

PARA vencer circunstâncias adversas, vençam a vocês mesmas. A resposta ao desejo de Meus Discípulos em Me seguirem foi: "Sejam perfeitos como perfeito é vosso Pai celeste."

Para realizar muito, sejam muito. Em todos os casos, o *fazer*, para se bem-fazer, precisa ser a mera expressão inconsciente do *ser*.

Não temam, não temam, está tudo bem. Encham seu dia de pequenas orações a Mim, de pequenos momentos em que vocês se voltem para Mim. Os sorrisos da alma para alguém que ela ama.

Os homens chamam o Pai de Primeira Causa. Sim! Eles O vêem como a Primeira Causa de todo raio quente, de toda cor no pôr-do-sol, de todo lampejo na água, de toda bela flor, de todo prazer planejado.

Matem o ego agora. 3 de maio

O EGO destronado: essa é a lição. Em seu lugar, no entanto, coloquem Amor a Mim, conhecimento de Mim.

O ego deve ser não apenas retirado do seu trono, mas morto. Um ego morto não é um ego reprimido. Um ego reprimido é mais potente ainda para ferir. Em toda instrução, (na Minha instrução para vocês, e na sua para os outros), façam com que o ego morra.

Para cada golpe à vida do ego, vocês devem ao mesmo tempo abraçar e se segurar firmemente à nova Vida, à Vida Comigo.

Não é um ego morto que os homens devem temer, mas um ego reprimido, cativo e aprisionado. Esse é infinitamente mais egocêntrico do que aquele a quem se dá o direito de agir livremente. Mas a vocês, Minhas filhas, Eu revelo uma lei científica mais elevada do que até mesmo a liberdade do ego. Eu revelo a morte do ego. Nenhuma repressão, apenas a morte. A medíocre vida do ego em troca da Vida Divina.

Agora Eu posso tornar mais claro a vocês o que estava dizendo em relação ao perdão de injúrias. Um dos Meus mandamentos é que vocês perdoem quando estiverem buscando o Meu perdão.

Mas o que vocês não entendem é que o ego em vocês é incapaz de perdoar. O próprio fato de vocês pensarem nas injúrias sofridas significa que o ego continua vivo no plano de fundo, pois elas, em vez de diminuírem, parecem maiores.

Não, Minhas filhas, todo verdadeiro Amor *vem* de Deus, e é Deus, então todo verdadeiro perdão vem de Deus e é Deus. O ego não pode perdoar. Matem o ego.

Parem de tentar perdoar aqueles que as irritaram ou fizeram mal contra vocês. O erro está em pensar nisso. Busquem matar o ego agora, em sua vida diária, e então, e apenas então, vocês descobrirão que não resta nada que nem mesmo lembre a injúria, porque o único magoado, que é o ego, estará morto.

Enquanto o fato voltar à sua mente, vocês estarão se enganando, pensando que perdoaram. O perdão das injúrias pode ser um modo de alimentar a vida do ego.

Vários enganam a eles mesmos com isso.

Compartilhem Comigo. 4 de maio

DELEITEM-SE em Meu Amor. Tentem viver no êxtase do Reino.

Peçam grandes coisas. Peçam coisas importantes. Peçam por Alegria, Paz, liberdade das preocupações. Alegria em Mim.

Eu sou o seu Senhor, seu Criador. Lembrem-se, também, de que Eu sou o mesmo ontem, hoje e sempre. Seu Criador, quando Meu pensamento sobre o mundo fez com que ele viesse a existir, e seu Criador também hoje, quando Eu sou capaz, por meio de meus pensamentos de amor por vocês, de trazer à existência todas as suas necessidades no plano material.

Alegrem-se em Mim, confiem em Mim, compartilhem toda vida Comigo, vejam-Me em tudo, rejubilem-se em Mim. Compartilhem Comigo assim como uma criança compartilha suas dores, ferimentos, tristezas, tesouros recém-encontrados, alegrias e pequenos trabalhos com sua Mãe.

E dêem-Me a Alegria de compartilhar tudo com vocês.

Deixem-Me escolher.   5 de maio

MINHAS amadas. Sim, o homem deveria pensar em Mim com o coração, e então a adoração seria algo instintivo.

Respirem em Meu próprio Espírito o ar puro e o desejo fervoroso.

Mantenham os olhos de seu espírito sempre sobre Mim e a janela de sua alma aberta para Mim. Saibam sempre que todas as coisas são suas — e que Eu me alegro em dar a vocês todo bem.

Esvaziem suas mentes de tudo o que as limita. Eu posso dar a vocês tudo o que é belo. Deixem cada vez mais as decisões em Minhas mãos. Vocês não se arrependerão.

Audácia sublime.   **6 de maio**

O CAMINHO é longo e cansativo. Esse é um mundo fatigado, de modo que muitos hoje estão exauridos. "Vinde a Mim, e Eu vos darei descanso."

Minhas filhas, vocês, que se colocam sob minha bandeira, devem saber que estão incluídas nessas palavras, "O Filho do Homem."

O que quer que o mundo esteja sentindo, Eu devo sentir, Eu, o Filho do Homem. Vocês são Minhas seguidoras, de modo que a exaustão do homem moderno deve ser compartilhada por vocês; os cansados e sobrecarregados devem vir a vocês e encontrar esse descanso que vocês descobriram em Mim.

Minhas filhas, Meus seguidores devem estar preparados, não para se sentarem ao Meu lado direito e esquerdo, mas para beberem da taça que Eu bebi.

Pobre mundo — ensinem a ele que só há uma cura para todos os seus males: a União Comigo. Ousem sofrer, ousem conquistar, para se encherem de Minha sublime audácia. Lembrem-se disso. Peçam o impossível.

Exatamente o que o mundo poderia pensar ser impossível poderá ser seu. Lembrem-se Minhas filhas, sublime audácia.

Contra a maré. 7 de maio

O REMADOR que confia em Mim não se recosta em seus remos e se deixa levar pela maré, confiando na corrente.

Não, mais freqüentemente, uma vez que Eu tenha mostrado o caminho, é contra a maré que vocês devem direcionar todo o esforço. E até mesmo quando as dificuldades vêm, é por esforço que serão superadas. No entanto, vocês poderão sempre obter em Mim força e a Alegria nessa obra.

Meus discípulos pescadores não encontraram os peixes prontos nas margens em suas redes. Eu tomo o esforço humano e o abençôo. Eu preciso do esforço humano, e ele necessita da Minha bênção. É essa parceria que significa o sucesso.

O descanso que vem de Deus. 8 de maio

EU as guio. O caminho é claro. Avancem sem medo. Estou ao seu lado. Ouçam, ouçam, ouçam Minha Voz. Minha Mão controla tudo.

Lembrem-se de que Eu posso trabalhar melhor através de vocês quando vocês descansam. Avancem muito lentamente, muito tranqüilamente de uma tarefa à próxima, tomando tempo para descansar e orar entre elas.

Não se ocupem demais. Façam tudo na ordem que Eu disser. O Descanso que vem de Deus é um reino além de toda atividade humana. Aventurem-se freqüentemente até lá, e vocês encontrarão Paz e Alegria real.

Toda obra que resulta do descanso em Deus é milagrosa. Clamem pelo poder de operação de milagres, vocês duas.

Saibam que podem todas as coisas Naquele que as fortalece. E mais, saibam que podem todas as coisas em Cristo, que faz com que descansem.

Harmonia interior. 9 de maio

SIGAM meu Guiar. Temam se aventurar sozinhas como uma criança teme sair de perto de sua mãe. Duvidem de sua própria sabedoria, e a confiança em Mim ensinará a humildade a vocês.

A humildade não é diminuir o ego, mas esquecer-se do ego. Ainda mais, esquecer-se do ego porque estão se lembrando de Mim.

Não esperem viver em um mundo em que tudo é harmonia. Não esperem viver onde outros estão em total acordo com vocês. É tarefa de vocês manter o ritmo do seu próprio coração em circunstâncias adversas. Vocês sempre terão harmonia enquanto treinarem seus ouvidos a captarem a música celeste.

Sempre duvidem do seu poder ou sabedoria em colocar as coisas em ordem, peçam-Me para consertar tudo, deixando tudo Comigo, e continuem seu caminho em amor e alegria. Eu sou a sabedoria. Somente Minha sabedoria pode decidir algo com razão e resolver qualquer problema. Então, confiem em Mim. Está tudo bem.

Calma — e não pressa. 10 de maio

No sossego e na confiança estará a vossa força.
— Isaías 30:15.

TODA agitação destrói o bem. Toda calma constrói o bem e ao mesmo tempo destrói o mal.

Quando o homem quer eliminar o mal, ele muito freqüentemente corre para a ação. Está errado. Primeiro, aquietem-se e saibam que Eu sou Deus. Depois, ajam somente como Eu disser a vocês. Sempre calmas com Deus. A calma é a confiança em ação. Apenas a confiança, a perfeita confiança, pode manter alguém calmo.

Nunca temam qualquer circunstância ou dificuldade que as ajude a cultivar essa calma. Assim como o mundo precisa aprender a ser rápido para vencer, vocês devem aprender a calma. Toda grande obra realizada para Mim deve primeiro ser feita na alma individual daquele que a realiza.

A divina terceira pessoa. 11 de maio

Quando Eu as tiver levado através dessas tempestades, haverá outras palavras para vocês, outras mensagens, outras instruções.

Sua amizade e desejo de Me amar, Me seguir e Me servir é tão grande que logo, quando esses tempos difíceis passarem, o ato de ficarem sozinhas Comigo significará estarem sempre ligadas a Mim.

Há algumas poucas amizades no mundo assim, e apesar disso Eu ensinei, quando na terra, como ensinei a vocês duas, o poder de estarem *dois juntos*.

Agora, nessa noite, Eu tenho mais a dizer a vocês. Digo que o tempo está chegando, até mesmo já chegou, em que os que visitarem vocês duas saberão que Eu sou a Divina Terceira Pessoa na amizade de vocês.

A vibração da proteção. 12 de maio

Afastem todos os pensamentos de dúvida e perturbação. Nunca os tolerem nem por um segundo. Façam barricadas nas janelas e portas de suas almas para que eles não entrem, como fariam contra um ladrão que as invadisse para levar seus tesouros.

E que maiores tesouros vocês podem ter do que Paz, Descanso e Alegria? Eles são todos roubados de vocês pela dúvida, medo e desesperança.

Enfrentem cada dia com Amor e Riso. Enfrentem a tempestade.

Alegria, Paz, Amor, meus grandes dons. Sigam-Me para encontrar os três. Eu quero que sintam a excitação da proteção e da segurança Agora. Toda alma pode sentir isso em um porto seguro, mas a alegria e vitória real vêm somente para aqueles que o sentem quando estão no meio da tempestade.

Digam "está tudo bem". Não o digam como uma vã repetição. Usem essa afirmação como usariam um bálsamo curativo para um corte ou ferimento, até que todo veneno seja extraído; e *então*, até que a infecção seja curada; e *então*, até que a emoção de vida nova inunde seu ser.

Nunca julguem. 13 de maio

QUE Alegria segue a conquista de si mesmo! Vocês não podem vencer nem controlar outros, nenhuma de vocês, até terem completamente conquistado a vocês mesmas.

Será que podem se ver completamente inabaláveis? Pensem em Mim diante dos soldados escarnecedores, sendo espancado e cuspido sem nunca responder uma palavra sequer — *nenhuma palavra*. Tentem ver isso como a manifestação do Poder Divino. Lembrem-se de que é apenas por esse Poder de silêncio perfeito, de autocontrole perfeito, que vocês poderão provar seu direito de governar.

Nunca julguem. O coração do homem é tão delicado, tão complexo, que apenas seu Criador pode conhecê-lo. Cada coração é muito diferente, impulsionado por motivos diferentes, controlado por circunstâncias diferentes, influenciado por sofrimentos diferentes.

Como alguém pode julgar a seu próximo? Deixem para Mim o desvendar dos mistérios da vida. Deixem para Mim o ensino de todo entendimento. Tragam cada coração a Mim, seu Criador, e deixem-no Comigo. Estejam seguros, na certeza de que tudo que está errado, Eu posso consertar.

O amor de um amante. 14 de maio

Lembrem-se de que um Mestre amoroso se delicia na intimidade dos pedidos, tanto quanto deseja que seus seguidores e amigos se deleitem na suave intimidade de *Seus* próprios pedidos.

A maravilha da vida familiar é expressa tanto na liberdade com a qual uma criança faz pedidos e reivindicações quanto nos pedidos amorosos que os pais fazem ao Amor e Alegria dos filhos. A intimidade, que faz com que Meus seguidores ousem se aproximar de Mim como um amigo se aproxima de outro, só vem como resultado de um diálogo freqüente Comigo, de muita oração a Mim e da atenção e obediência a Minhas ordenanças.

Cedam em tudo à Minha suave insistência, mas lembrem-se de que Eu cedo, também, às suas. Peçam não somente as grandes coisas que disse a vocês, mas também os pequenos e suaves sinais de Amor. Lembrem-se de que Eu vim como o Grande Amante do Mundo. Nunca pensem em Meu Amor como apenas suave compaixão e perdão. Ele é tudo isso, mas é também o Amor de um Amante, que o demonstra em inúmeras palavras e atos e pelo pensamento carinhoso.

Lembrem-se de que Deus também está em cada uma de vocês. Eu reverencio e Me submeto a esse Deus, embora Eu e Meu pai sejamos um. Então, à medida que o homem se torna cada vez mais semelhante a Meu Pai no Céu, Eu acrescento um Amor reverente e suave a nossa amizade. Eu vejo Deus em vocês como nenhum homem pode ver.

Sempre é dado ao homem ver em seu semelhante as aspirações e qualidades que ele mesmo possui. Então, só Eu, sendo realmente Deus, posso reconhecer Deus no homem. Lembrem-se disso, também, em seus relacionamentos com outras pessoas.

Seus motivos e aspirações só podem ser compreendidos pelos que já atingiram certo nível espiritual. Então, não esperem em vão e de modo tolo que outros as compreendam, e não os julguem mal por não as entenderem. Eles não podem compreender sua linguagem.

Primeiro o espiritual. 15 de maio

O QUE posso dizer a vocês? Seu coração está partido. Então, lembrem-se: "Ele liga os corações partidos." Apenas sintam a ternura de Minhas Mãos enquanto trato de suas feridas.

Vocês duas são muito privilegiadas. Eu compartilho Meus planos e segredos com vocês e revelo Meus Propósitos a vocês, enquanto tantos ainda precisam andar como cegos, tateando em busca deles.

Tentem descansar nessas palavras: "Buscai em primeiro lugar o Reino de Deus e sua justiça, e todas as coisas vos serão acrescentadas." Em seguida, não *as* almejem, mas, incansavelmente, desejem os valores do Meu Reino.

É estranho que vocês, mortais, pensem nas coisas materiais primeiro e depois cresçam no conhecimento das coisas Espirituais. Não é assim no Meu Reino. As coisas Espirituais vêm primeiro, e depois, as materiais. Então, para obter o material, redobrem seus esforços para conquistar o Espiritual.

Orem e louvem. 16 de maio

E U quero que clamem muito a Mim, porque sei que somente nessa súplica sincera e na calma confiança que dela resulta é que o homem pode aprender a ser forte e a obter a paz. Por isso Eu ordenei a Meus discípulos que Me pedissem incessante e persistentemente.

Nunca desanimem na oração. Quando um dia o homem descobrir o modo maravilhoso pelo qual sua prece foi respondida, ele, lá no fundo, muito lá no fundo, se arrependerá por ter orado tão pouco.

A oração muda tudo. A oração recria. A oração é irresistível. Então, orem, literalmente, sem cessar.

Orem sem cessar, até que a confiança se torne confiança firme como pedra, e depois continuem orando porque isso se tornou um hábito tão forte que vocês não podem resistir a ele.

E sempre orem até que a oração se transforme em Louvor. Essa é a única nota na qual a verdadeira oração deveria terminar. É o Amor e a Alegria em sua atitude em relação ao homem interpretada na Oração e Louvor de sua atitude em relação a Deus.

Do choro à alegria. 17 de maio

"O CHORO pode durar uma noite, mas a alegria vem pela manhã."

Os Meus valentes são aqueles que podem antegozar a manhã e sentir na noite de choro aquela Alegria subjacente que fala da expectativa confiante no dia seguinte.

Poder novo e vital. 18 de maio

"OLHAI para Mim e sereis salvos de todas as extremidades da terra." A promessa não foi pelo mérito, mas para todos os que olhassem.

Olhar é algo que com certeza está dentro da Capacidade de cada um. Apenas um olhar basta. A Salvação é a conseqüência.

Olhem, e serão salvas da desesperança. Olhem, e serão salvas dos cuidados. Olhem, e serão salvas das preocupações. Olhem, e paz além de todo entendimento fluirá para seu interior — um Poder novo e vital, uma Alegria verdadeiramente maravilhosa.

Olhem, e continuem olhando. A dúvida foge, a Alegria reina e a Esperança vence.

A Vida, Vida Eterna, é sua, e revitaliza e renova vocês.

Resgatadas e guiadas. 19 de maio

DESCANSEM, sabendo que tudo está totalmente em segurança em Minhas mãos. Descansar é Confiar. A atividade incessante significa desconfiança. Sem o conhecimento de que Eu estou trabalhando em seu favor, vocês não serão capazes de descansar. A inação então seria o resultado da desesperança.

"Minha mão não está encolhida, de modo que Eu não possa salvar." Saibam disso, repitam isso, confiem nisso, recebam todo esse conhecimento, deleitem-se nisso. Tal verdade é como uma corda lançada ao homem que se afoga. Cada repetição dela é um golpe de corda mais próximo à margem e à segurança.

Deixem que essa ilustração ensine a vocês uma grande verdade. Tomem posse dessa verdade, orem-na, afirmem-na, segurem-se na corda. Suas tentativas de salvarem a vocês mesmas é muito tola; é como se tivessem uma mão na corda e com a outra tentassem nadar para a margem! Com isso vocês podem soltá-la e atrapalhar aquele que as resgata e que precisa agir com o maior cuidado para não perder vocês.

As tempestades não são tudo na vida. O salmista que disse: "Todas as tuas ondas e turbilhões passaram sobre mim", também escreveu: "Tirou-me duma cova de destruição, dum charco de lodo; pôs os meus pés sobre uma rocha, firmou os meus passos."

Meditem nessa verdade maravilhosa dos três passos: proteção, segurança, orientação. (1) "Ele me tirou duma cova de destruição" — *Proteção*. (2) "Ele colocou meus pés sobre uma rocha" — *Segurança* (3) "Ele firmou os meus passos" — *Orientação*. O número 3 é o estágio final, quando a alma resgatada confia em Mim tão completamente que não busca mais seu próprio caminho, mas deixa todos os seus planos futuros Comigo, seu Salvador.

Vençam-Me — Vençam tudo. 20 de maio

Vocês vencerão. O espírito vitorioso nunca é derrotado. Mantenham a coragem e a confiança em seu coração. Enfrentem todas as dificuldades em espírito de Vitória.

Ergam-se a alturas maiores do que as que vocês já conheceram antes. Lembrem-se de que onde Eu estou há Vitória. As forças do mal, em seu interior e exterior, fogem à Minha Presença.

Vençam-*Me* e tudo será vencido. *Tudo*.

Lancem tudo aos Meus pés. 21 de maio

Para Me ver, vocês precisam me trazer todos os seus cuidados e me mostrar seu coração confiante. Então, à medida que os deixarem aos meus pés, vocês se tornarão conscientes de Minha Presença.

Essa consciência continuada traz a Minha recompensa. Ninguém consegue ver a Minha Face através da névoa das preocupações. Apenas quando o fardo é lançado aos Meus Pés é que vocês passam à consciência e visão espiritual.

Lembrem-se: obediência, obediência, obediência; o caminho reto e estreito para o Reino. Ninguém deve falar de vocês, mesmo em recriminação amorosa e suave: "Por que vocês Me chamam Senhor, Senhor, e não obedecem à Minha Palavra?"

O caráter é lapidado até a Beleza pela disciplina e tarefas diárias cumpridas. Pois, de várias maneiras, Meus discípulos precisam trabalhar sua própria salvação, apesar disso não ser possível sem Minha Força e Auxílio, e sem diálogo Comigo.

Mesmo na Vida Espiritual, a instrução é diferente para espíritos diferentes. O homem que, de bom grado, vive uma vida de oração e meditação, é impelido para os caminhos agitados da vida, e ao homem ocupado é pedido que descanse e espere pacientemente por Mim. Ó alegria! Ó descanso, e sempre haverá paz nos caminhos agitados.

Ordenem ao seu Senhor. 22 de maio

Senhor, clamo por Tua ajuda.

SIM! Clamem, clamem constantemente. Há uma confiança que espera muito tempo, e uma confiança que não suporta atraso, que, uma vez convencida de seu rumo, uma vez certa da orientação de Deus, afirma, com a persistência de uma criança — *"Agora"*. "Não Te demores, oh, meu Deus."

Vocês não são mais servos, mas amigos. Um amigo pode dar ordem a outro, pode saber que tudo que o amigo, o amigo verdadeiro tem, é seu por direito. Isso não significa viver uma vida ociosa à custa de um amigo, mas o clamor pelos meios do amigo — nome, tempo, tudo que ele tem — quando sua provisão se tiver exaurido.

A amizade, a verdadeira amizade, implica no direito de se apropriar. E no serviço a Deus há perfeita liberdade. Herdeiras de Deus — vocês são herdeiras conjuntas Comigo na herança divina. Nós compartilhamos da propriedade do Pai. Vocês têm o mesmo direito de usar e clamar que Eu. Usem seu direito. Um mendigo suplica. Um filho, uma filha, toma posse.

Não é de espantar que, quando Eu vejo Meus filhos sentados diante de Minha Casa suplicando e esperando, Eu os deixe ali até que eles descubram como tal ato é tolo, quando tudo que têm a fazer é caminharem até sua Casa e pegarem o que é deles.

Essa não pode ser a atitude de todos. Deve haver antes uma conscientização definida de seu status de Filhos.

Pequenos aborrecimentos.   23 de maio

SUA falta de autocontrole não é devido às cargas pesadas, mas ao fato de vocês permitirem que os *pequenos* aborrecimentos, preocupações e cargas se acumulem.

Se algo as irritar, enfrentem e acertem isso Comigo antes de se permitirem falar com ou encontrar alguém, ou mesmo empreenderem qualquer outra tarefa.

Olhem para vocês mesmas como Minhas mensageiras que cumprem com sua missão e voltam rápido para Mim, para me relatar que essa mensagem foi entregue e aquela tarefa realizada.

Então, sem nenhum sentimento de responsabilidade quanto ao resultado (sua única responsabilidade foi ver a tarefa cumprida), saiam novamente, alegrando-se por terem mais a fazer por Amor de Mim.

Abundância. 24 de maio

Como o mundo continua cego! Como continua inconsciente de suas dores e problemas, suas batalhas vencidas, suas conquistas e suas dificuldades.

Sejam gratas porém, as duas, porque há Alguém que sabe. Há alguém que nota toda crise, todo esforço, toda dor.

Vocês duas, que não são ouvintes ociosas, devem saber que toda alma perturbada que mostro a vocês deve ser auxiliada. Ajudem o máximo que puderem. Vocês ainda não ajudam o suficiente. À medida que o fizerem, o auxílio fluirá em retorno e seu círculo de solidariedade se ampliará sempre e cada vez mais.

Apenas sintam que vocês são duas discípulas Minhas, presentes quando alimentei os cinco mil, e que Eu dei a comida a vocês para que a distribuam cada vez mais. Vocês podem dizer, em vista de tão poucos pães e peixes: "Temos somente o suficiente para nossas próprias necessidades." Não foi apenas a Minha Bênção, mas o Passar Adiante dos discípulos que operou o milagre.

Sejam doadoras generosas. Todos ficaram "satisfeitos". E ainda sobrou.

Eu dou com uma Mão e um Coração generoso. Observem a pesca milagrosa. A rede se partiu e o barco começou a afundar com a prodigalidade do Meu Dom. Ignorem toda restrição.

A abundância é o Suprimento de Deus. Afastem todos os pensamentos de limitação. Recebam *chuvas de bênção*, e, por sua vez, *abençoem* generosamente.

Não realizem nada. 25 de maio

Não há limite para o que vocês poderão realizar. Conscientizem-se disso. Nunca deixem de lado nenhuma tarefa nem abandonem o pensamento em nenhuma delas porque parece estar além de sua capacidade, mas apenas se descobrirem que essa não é a Minha Vontade para vocês. Esse é o Meu mandamento para vocês.

Pensem na minúscula semente de campainha branca enterrada no solo. Ela não tem nenhuma certeza nem mesmo de que, quando tiver aberto à força seu exaustivo caminho para o alto, a luz e o calor do sol a saudarão.

Essa tarefa deve parecer algo além de suas forças. Mas o chamado interior da Vida dentro da semente a compele e ela completa sua missão. Assim é o Reino dos Céus.

Peçam mais. 26 de maio

Vocês estão clamando como Eu ordenei, e logo verão o resultado. Vocês não podem fazer isso por muito tempo sem que ele seja visto no mundo material. Essa é uma lei eterna.

Vocês são agora crianças praticando uma lição. Pratiquem constantemente, e logo serão capazes de realizá-la com muita facilidade.

Vocês vêem outros manifestando e demonstrando Meu poder tão facilmente, mas não viram sua disciplina anterior. A disciplina é absolutamente necessária antes que esse Poder seja dado a Meus discípulos. É uma nova iniciação.

Vocês sentem ter aprendido tanto que a vida não pode falhar. É verdade, mas outros devem esperar para ver a manifestação externa em suas vidas antes de se conscientizarem dessa Verdade Espiritual.

Raízes e frutos. 27 de maio

Lembrem-se da lição da *semente* também, quando ela desce para o fundo para se enraizar e estabelecer, enquanto ao mesmo tempo se eleva para se tornar planta e flor que alegrarão ao mundo.

Os dois tipos de crescimento são necessários. Sem a forte raiz, ela rapidamente se esgotaria, assim como muita atividade carece de crescimento em Mim. Quanto mais alto ela se alçar, mais profunda deve ser a raiz.

Muitos se esquecem disso e por essa razão sua obra deixa de ser permanente para Mim. Cuidado com as folhas e flores sem raízes fortes.

Testem seu amor.   28 de maio

Um Grande Amor sabe que, em toda dificuldade, todo sofrimento e todo fracasso, a presença do Amado é suficiente. Testem seu Amor por Mim desse modo.

Será que o simples fato de estarem Comigo, de apenas saberem que Eu estou ao seu lado, não faz com que sintam Alegria e Paz? Em caso negativo, seu Amor por Mim e sua consciência do Meu Amor não são suficientes.

Se esse for o caso, orem por mais Amor.

Esqueçam-se.   29 de maio

Não se arrependam de nada. Nem mesmo dos pecados e fracassos. Quando um homem vê as maravilhas da terra a partir do cume de alguma montanha, ele não faz com que seu olhar permaneça sobre as pedras e ribanceiras, as fraquezas e fracassos que marcaram seu caminho até o alto.

Assim é com vocês. Inspirem as ricas bênçãos de cada novo dia e esqueçam-se de tudo que ficou para trás.

O homem foi criado de modo a poder carregar o peso de 24 horas e não mais. Se ele levar o dos anos passados e dos dias futuros, seu dorso se quebrará. Eu tenho prometido ajudá-las com a carga apenas de hoje; o passado Eu já levei e se vocês, corações tolos, escolherem colocar sobre vocês novamente toda aquela carga e carregá-la, então, realmente, vocês estarão escarnecendo de Mim se esperarem que Eu a compartilhe.

Cada dia termina bem ou mal. O que resta a ser vivido, as próximas 24 horas, vocês devem enfrentar quando acordarem.

Um homem que marcha, na terra, carrega apenas o que ele precisa para essa caminhada. Será que vocês teriam pena dele se o vissem levando o peso excessivo dos sapatos e uniformes gastos das marchas e anos passados? E ainda assim, na vida mental e espiritual, o homem faz essas coisas. Não é de se espantar que Meu pobre mundo esteja profundamente deprimido e exausto.

Vocês não devem agir assim.

O canto fúnebre do diabo. 30 de maio

Nosso Senhor, nós Te louvamos.

O LOUVOR é o canto fúnebre do diabo. A resignação, a aceitação de Minha Vontade e a obediência a ela não têm tanto poder de derrotar o diabo quanto o louvor.

O coração alegre é Minha arma mais poderosa contra todo mal. Oh! orem e louvem.

Vocês estão aprendendo sua lição. Estão sendo levadas a um lugar amplo. Vão com canções de júbilo. Rejubilem-se sempre. Sejam verdadeiramente felizes, se cada dia traz consigo sua vibração de alegria.

Falem mais Comigo durante o dia. Olhem para Meu Rosto; com um olhar de Amor, uma sensação de segurança, uma Alegre excitação ao sentirem a proximidade de Minha Presença: essa é sua melhor oração.

Deixem que isso suavize seu dia de trabalho, e o medo desvanecerá; ele é a figura sombria que afasta o sucesso.

Oração sem palavras.   31 de maio

Senhor, ouve-nos, nós Te suplicamos.

OUÇAM e Eu responderei. Passem muito tempo em oração. Oração de várias formas, mas, sejam quais forem elas, orar é ligar alma e mente ao coração de Deus.

Seja apenas um lampejo de fé, um olhar, uma palavra de Amor ou de confiança sem expressão de súplica, ainda assim se segue a provisão e todo o necessário é garantido.

Porque a alma, ligada a Deus, unida a Ele, recebe Nele e através Dele todas as coisas. E a alma, quando em forma humana, precisa também das coisas que pertencem à sua habitação.

JUNHO

Amizade. 1º de junho

O CAMINHO de transformação da alma é o Caminho da Amizade Divina.

Nem tanto pedir a Mim para fazer isso ou aquilo, mas viver Comigo, pensar em Mim, falar Comigo: assim vocês crescerão à Minha semelhança.

Amem-Me. Descansem em Mim.

Alegrem-se em Mim.

Minha imagem. 2 de junho

*Meu Senhor e meu Deus, nós Te louvamos,
nós Te adoramos. Torna-nos como Tu.*

Vocês estão dispostas a beber do cálice que Eu bebo — do vinho de dores e desapontamentos.

Vocês são Minhas e crescerão cada vez mais à Minha semelhança, à semelhança de seu Mestre.

Assim como foi nos dias de Moisés, ainda hoje nenhum homem pode ver Minha face e viver.

O ego, o *Homem* original, murcha e morre, enquanto a alma se torna semelhante à Minha imagem.

Expulsem o pecado com amor. 3 de junho

Ó Senhor, nós Te amamos e louvamos.
Tu és nossa Alegria e nossa recompensa excelente.

LEMBRE-SE de que o Amor é o poder que transforma o mundo. Não somente o Amor por Mim, não somente o Amor pelos poucos queridos a vocês, mas o Amor por todos — pelos publicanos, pecadores e prostitutas — *Amor*.

Essa é a única arma pela qual o pecado pode ser expulso. Expulsem o pecado com Amor.

Expulsem o medo, a depressão, a desesperança e a sensação de fracasso com o Louvor.

O Louvor é o reconhecimento do que Eu enviei a vocês. Poucos homens enviariam outro pagamento até terem recebido o reconhecimento pelo anterior. Então, louvem, reconhecendo, como é verdade, que Meu dom e bênçãos deixam o caminho aberto para que Eu derrame ainda mais sobre o coração agradecido.

Aprendam como uma criança aprende a dizer "obrigado" como cortesia, talvez mesmo sem uma sensação real de gratidão. Façam isso até que uma vibração de alegria, de maravilha agradecida acompanhe a palavra pronunciada.

Não esperem sentir que sabem se outros têm sentido essa mesma alegria. Apenas caminhem pela árida trilha da obediência, e sua persistência será recompensada à medida que vocês chegarem à fonte, à feliz Fonte de Águas.

Oh! Alegrem-se em Mim, e, no que depender de vocês, espalhem essa Alegria à sua volta.

Paciência divina. 4 de junho

Senhor, faze-nos como Tu.
Molda-nos à Tua semelhança.

O ATO de moldar, Minhas filhas, inclui cortar e lapidar. Significa sacrifício do pessoal para adquirir nova forma. Não é somente o Meu trabalho, mas também o seu.

Exige o rápido reconhecimento do egoísmo em seus desejos, motivos, ações, palavras e pensamentos, e o apelo instantâneo a Mim por auxílio para erradicá-lo.

É um trabalho que requer cooperação — A Minha e a de vocês. É uma obra que traz muita sensação de fracasso e desencorajamento, às vezes, porque, à medida que o trabalho progride, vocês verão cada vez mais claramente o tanto que ainda resta a ser feito.

Falhas que vocês dificilmente reconheciam ou ao menos pelas quais não se arrependiam agora causam perturbação e desânimo.

Coragem. Isso é, por si só, um sinal de progresso.

Paciência, não somente com os outros, mas para com vocês mesmas.

À medida que vocês vêem o lento progresso para o alto apesar de seu desejo e de seu esforço, vocês obterão a paciência divina para lidarem com aqueles cuja imperfeição as perturba.

Então, avante e acima. Para a frente. Paciência, Perseverança, Luta. Lembrem-se de que Eu estou ao seu lado e sou seu Capitão e Auxílio. Muito suave, paciente e forte.

Sim, nós cooperamos, e, à medida que Eu compartilho de suas perturbações, falhas, dificuldades e dores, vocês também, Minhas amigas, dividem Minha paciência e Minha força, amadas.

Aquela voz suave. **5 de junho**

Eu falo muito suavemente. Ouçam a Minha voz. Nunca prestem atenção às vozes do mundo, mas apenas à minha suave e Divina Voz.

Ouçam-Me e vocês nunca serão desapontadas. Ouçam, e pensamentos ansiosos e nervos cansados se tranqüilizarão. A Divina Voz, não tanto na força quanto na suavidade. Não tanto no poder quanto no descanso.

A suavidade e o descanso curarão suas cicatrizes e as fortalecerão, e então sua tarefa deve ser deixar que todo seu poder seja o Meu Poder. O pequeno poder do homem é barro ao lado da pedra de granito do Meu Poder.

Vocês são Meu grande cuidado. Nunca se sintam à mercê do mundo. Meus anjos guardam vocês dia e noite e nada pode fazer mal a vocês. Vocês na verdade me agradeceriam se soubessem dos dardos, tribulações e mal que eles desviam de vocês.

Agradeçam-Me de coração pelos perigos desconhecidos e invisíveis evitados por eles.

Como os homens Me vêem.   6 de junho

Eu vim para ajudar o mundo, e cada homem Me vê de acordo com suas diversas necessidades.

Não é preciso que vocês Me vejam como o mundo, até mesmo a Igreja, Meus discípulos e Meus seguidores me vêem, mas é necessário que cada uma de vocês Me considere como Aquele que supre todas as suas necessidades pessoais.

Os fracos precisam da Minha Força. Os fortes, da Minha Suavidade. Os tentados e caídos, da Minha Salvação. Os justos precisam da Minha Piedade pelos pecadores. Os solitários, de um Amigo. Os lutadores, de um Líder.

Ninguém a não ser um Deus poderia ser tudo isso ao mesmo tempo. Em cada uma dessas formas de Me relacionar com o homem, vocês devem ver esse Deus. O Deus-Amigo, o Deus-Líder, o Deus-Salvador.

Beleza verdadeira. 7 de junho

> *Inclinai os ouvidos e vinde a Mim;*
> *ouvi, e a vossa alma viverá.*
> — Isaías 55:3.

Não somente vivam, mas cresçam em graça, poder e beleza — a verdadeira Beleza, a Beleza da Santidade.

Avancem sempre em direção às coisas do Meu Reino.

A própria forma do animal se altera para capacitá-lo a alcançar aquilo de que ele gosta de se alimentar.

Do mesmo modo, toda sua natureza se transforma quando vocês saem em busca dos tesouros do Meu Reino, de modo que possam melhor gozar e receber as Suas maravilhas.

Permaneçam nessas verdades.

O único caminho. 8 de junho

Ao longo dos tempos, apenas Meu Poder tem mantido a coragem e a força de milhões de almas que de outro modo teriam caído pelo caminho.

A Fé foi mantida viva e passada através das gerações, não pelos amantes da comodidade, mas por aqueles que lutaram, sofreram e morreram por Mim.

Essa vida não tem como objetivo o corpo, mas a alma, e o homem freqüentemente escolhe um estilo de vida que serve melhor ao primeiro, e não o caminho da segunda. E Eu permito apenas o segundo.

Aceitem essa verdade e uma moldagem maravilhosa se seguirá; rejeitem-na, e Meu Propósito será frustrado, sua maior oração ficará sem resposta, seu progresso (Progresso Espiritual) será retardado, problemas e dor, acumulados.

Que cada uma de vocês tente imaginar sua alma como o terceiro ser instruído por nós — por vocês e por Mim — e então vocês compartilharão e se alegrarão em compartilhar a disciplina e a instrução.

Separem-se de sua alma, unam-se a Mim e recebam a instrução, rejubilando-se com o progresso alcançado.

Uma corrida de obstáculos. 9 de junho

ERGAM-SE acima de seus medos e caprichos até alcançarem Minha Alegria. Só isso já basta para curar suas dores e mágoas. Esqueçam-se de toda sensação de fracasso e deficiência, de todos os choques e sobressaltos dolorosos, e confiem em Mim, amem-Me, clamem por Mim.

Seu discipulado é uma corrida de obstáculos. "Corram de modo a obterem a vitória." Conquistem não somente os desejos do seu coração, mas conquistem-Me, a Alegria e o Porto Seguro de suas almas.

O que vocês pensariam do corredor que se joga no chão em desalento ao enfrentar o primeiro obstáculo?

Por cima, para a frente e para o alto. Eu sou seu Líder e sua Meta.

O dia da angústia. 10 de junho

*Oferece a Deus sacrifício de louvor e
paga ao Altíssimo os teus votos,
invoca-Me no dia da angústia,
Eu te livrarei, tu Me glorificarás.*

Louvar, agradecer e cumprir firmemente com suas promessas (votos) a Mim é agora, como era, o mesmo que depositar moedas em Meu Banco, de onde, em tempos de necessidade, vocês podem sacar com confiança e certeza. Lembrem-se disso.

O mundo se maravilha quando vê o homem que pode retirar tão inesperadamente quantias enormes e insuspeitadas de seu banco para suas próprias necessidades, as de algum amigo ou para caridade.

O que o mundo não viu, porém, são as pequenas e incontáveis somas depositadas nesse banco, conquistadas à custa de várias formas de trabalho fiel.

Assim acontece no Meu Reino. O mundo vê o homem de fé fazer um pedido súbito a Mim, a Meus armazéns, e eis que esse pedido é concedido.

O mundo pensa que esse homem tem poderes mágicos. Não! Será que o mundo não vê que esse homem tem depositado nesse banco em agradecimento, louvor e em promessas cumpridas fiel e firmemente?

Assim é com vocês, Minhas filhas. "Oferece a Deus sacrifício de louvor e paga ao Altíssimo os teus votos, invoca-Me no dia da angústia, Eu te livrarei, tu Me glorificarás."

Essa é uma promessa para os dias aparentemente nublados dos acontecimentos sem importância e um encorajamento para vocês, Minhas filhas. Quando vocês não parecerem capazes de fazer grandes coisas, podem estar guardando seus pequenos atos e palavras de fidelidade em Meu Grande Armazém, preparando-os para o dia de seu grande pedido.

Minha marca! 11 de junho

Ó Deus, nós Te agradecemos por
Teu grande dom da Paz.

Essa é a Paz que somente Eu posso dar, no meio de um mundo inquieto e de problemas e dificuldades. Conhecer essa Paz é receber o selo do Reino — a marca do Senhor Jesus Cristo. A Minha Marca.

Quando vocês tiverem conquistado essa Paz, serão capazes de julgar entre os valores verdadeiros, os valores do Reino, e os valores que o mundo inteiro tem a oferecer.

Essa Paz é a fé amorosa em descanso.

A casa na rocha.　　　　　　　　　12 de junho

ESTEJAM atentas a ouvir Minha voz e a obedecer imediatamente. A obediência é seu grande sinal de fé. "Por que vós Me chamais Senhor, Senhor, e não fazeis o que vos ordeno?" foi Minha palavra, quando Eu estava na terra, para os muitos que me seguiam e ouviam, mas não praticavam o que Eu dizia.

Eu comparei o homem que ouvia e não praticava ao homem que constrói sua casa na areia. Em tempos de tempestade e problemas, ele é derrubado, sua casa cai.

Eu comparei o homem que me obedece ao que constrói sua casa na rocha. Em tempos de tempestade, ele é firme e não pode ser derrubado.

Não pensem que por isso Eu entendo apenas a obediência a Meus Mandamentos, nem mesmo a prática do Meu Sermão do Monte. Eu quero mais do que isso daqueles que Me conhecem intimamente. Quero que sigam em tudo a Minha Orientação Interior, as pequenas ordens que Eu dou a cada alma individualmente, o desejo que Eu expresso e que espero que seja realizado.

A vida segura, firme e irremovível de Meus discípulos, a Casa na Rocha, não é construída em um desejo, em um momento, mas é levantada pedra por pedra, fundações, paredes, teto, por atos de obediência, pelo responder diário a Meus desejos, pelo cumprimento amoroso de Minha vontade.

"Todo aquele, pois, que ouve estas Minhas palavras e as põe em prática, será comparado a um homem prudente, que edificou a casa sobre a rocha. E desceu a chuva, correram as torrentes, sopraram os ventos, e bateram com ímpeto contra aquela casa; contudo não caiu, porque estava fundada sobre a Rocha."

E essa é a Casa na Rocha, feita por homens, mas divinamente inspirada — a Casa da Obediência — a expressão mais verdadeira da adoração e louvor de um discípulo — é *ali* que venho para habitar com Meu amado.

Não estou dando a vocês trabalho e esperança? Trabalho para os dias cinzentos? Pequenos e simples tijolos de tarefas realizadas e Meus Desejos cumpridos. Tudo isso as fortalece e transforma seu caráter naquele firme e irremovível Caráter Cristão do qual meu servo Paulo falou e que instou seus seguidores a adquirirem.

Inspiradas por Deus. 13 de junho

Vocês começaram uma escalada. Degraus íngremes levam ao alto, mas seu poder de ajudar a outros será verdadeiramente maravilhoso.

Vocês não estarão subindo sozinhas. Todos aqueles para quem vocês enviarem pensamentos de amor e misericórdia serão ajudados por vocês em sua escalada.

Se olharem para Mim, todos os seus pensamentos serão inspirados por Deus. Coloquem-nos em prática, e vocês serão guiadas mais e mais. Eles não vêm de seus próprios impulsos, mas do movimento do Meu Espírito, que, se obedecido, trará respostas a suas orações.

Amem e Confiem. Não permitam que maus pensamentos de qualquer tipo permaneçam em seus corações, e então Eu poderei agir com todo o Poder do Meu Espírito, sem ser impedido por nada.

Enfrentem o dia de hoje Comigo. 14 de junho

Nosso Senhor e Nosso Deus.
Faze de nós o Teu desejo.

Não são as circunstâncias que precisam mudar primeiro, mas vocês mesmas, e em conseqüência elas se transformarão naturalmente. Não poupem esforços em se transformarem em tudo em que Eu as tornaria. Sigam a todas as orientações. Eu sou seu único Guia.

Esforcem-se para afastar de suas mentes todo pensamento de preocupação. Procurem a cada dia, e sem olhar para trás, enfrentar os problemas daquele dia Comigo, e busquem Meu Auxílio e orientação quanto ao que podem fazer.

Nunca olhem para trás e nunca deixem para amanhã aquilo em que podem obter a Minha Orientação hoje.

A glória, a gloria se levanta.　　　　15 de junho

Eu faço planos para vocês. As maravilhas de Meus Caminhos ultrapassam todo conhecimento.

Oh! Descubram cada vez mais Minha Generosidade e Minha Bondade. Que maravilha, vocês serem guiadas por Mim! Que beleza é uma vida guiada por Mim!

Essas maravilhas penetrarão cada vez mais em sua consciência e trarão a vocês cada vez mais Alegria.

Vocês estão muito perto do ponto em que pedirão o que quiserem e será feito a vocês.

Vocês acabam de penetrar em uma época maravilhosa: suas vidas foram planejadas e abençoadas por Mim como nunca antes.

Vocês estão contando todas as coisas como perda, para Me conquistarem. Estão vencendo, e as promessas para aquele que vence são verdadeiramente maravilhosas e sempre serão cumpridas.

Busquem-Me cedo.　　　　16 de junho

Andem em Meu Caminho e confiem em Mim. Nenhum mal pode tocá-las. Na verdade Eu sou tão seu, quanto vocês são Minhas. Descansem nessa verdade.

Descansem, isso é, cessem de lutar. Que essa certeza dê a vocês uma confiança calma e forte. Não somente descansem em Mim quando as lutas do mundo se mostrarem acirradas demais para serem carregadas e enfrentadas por vocês sozinhas. Descansem em Mim quando precisarem de compreensão perfeita, quando necessitarem da consciência da amizade e de diálogo amoroso.

O mundo, meu pobre mundo, foge para Mim quando suas dificuldades são demasiadamente grandes para serem superadas de outro modo, esquecendo-se, ou nunca percebendo, que se esses corações Me buscassem apenas por amizade e diálogo amoroso com a mesma ansiedade, muitas dessas dificuldades nem surgiriam.

As circunstâncias, a vida e o caráter seriam alterados de tal modo, purificados de tal modo, que as mesmas dificuldades não existiriam.

Busquem-Me *logo*, esse é o modo de Me acharem. *Logo*, antes que Eu seja afastado pelos problemas da vida, dificuldades e prazeres.

Nome querido. 17 de junho

"*Jesus.*" Pronunciem Meu Nome freqüentemente. Foi em Meu Nome que Pedro ordenou ao paralítico que andasse. "Em Nome de Jesus Cristo de Nazaré, levanta-te e anda."

"*Jesus.*" O próprio som do Meu Nome, pronunciado com Amor e suavidade, afasta todo mal. É a palavra diante da qual todo principado maligno foge.

"*Jesus.*" Meu nome é o chamado de socorro que livra vocês da tentação.

"*Jesus.*" O Nome que bane a solidão e dissolve a depressão.

"*Jesus.*" Convoca auxílio para vencer suas faltas.

Eu as colocarei em um alto lugar, porque conheceram o Meu Nome.

Sim! Meu Nome — "Jesus." Usem-no mais. Usem-no suavemente. Usem-no em oração. Usem-no poderosamente.

Aguardem. 18 de junho

O MUNDO sempre viu o serviço a Mim como atividade. Apenas os mais próximos têm descoberto que uma vida separada, de oração, pode realizar e realmente muitas vezes realiza mais do que todo serviço que o homem possa Me oferecer.

Se o homem vivesse isolado em Minha Presença e só saísse para cumprir Minhas ordens diretas, Meu Espírito poderia operar mais e realizar coisas realmente poderosas.

O sucesso que vocês almejam. 19 de junho

SIGAM o caminho da obediência, pois Ele leva ao Trono de Deus. Seu tesouro fica no final do caminho, seja ele sucesso no plano material para expandir a obra do Meu Reino, sejam as maravilhas espirituais ocultas, reveladas somente àqueles que Me buscam diligentemente.

Vocês devem seguir de etapa (uma promessa ou Mandamento Meu) em etapa, até finalmente alcançarem o sucesso almejado.

Todo *seu* trabalho agora se encontra no plano material, e o espiritual só existe para auxiliá-lo. Quando sua meta material for alcançada, esse material só servirá para atingir o espiritual.

Novamente milagres. 20 de junho

Esperem para ouvir Minha Vontade e obedeçam. Obedeçam a todo custo.

Não temam. Eu sou um muro de proteção ao seu redor. Vejam-no. Vê-lo com os olhos da fé significa fazer com que se manifeste no mundo material.

Lembrem-se de que Eu anseio por operar milagres, assim como operei na terra, mas as mesmas condições ainda continuam a existir. Não posso fazer muitas coisas por causa da incredulidade, de modo que só poderei fazer milagres em resposta à sua fé.

Vejam como Eu vejo. 21 de junho

Ó Senhor, nós Te louvamos.
Abençoa-nos, nós Te suplicamos.

Eu as abençôo. Eu prometo sua libertação. Alegrem-se em Mim. Vocês serão protegidas da tempestade.

Maravilhas foram reveladas. Apenas venham à Minha Presença e permaneçam aqui por um momento, o que as fortalecerá e ajudará.

Aprendam de Mim. O único meio para que tantos se mantenham calmos e sãos em Meu mundo perdido é terem a mente em Jesus Cristo. A mente em Mim.

Vocês nunca poderão obter essa mente pelo raciocínio ou pela leitura, mas somente por viverem Comigo e por compartilharem da Minha Vida.

Pensem muito em Mim. Falem muito de Mim. Vejam os outros como Eu os vejo. Não se satisfaçam com nada menos do que isso.

Seu mar vermelho. 22 de junho

AVANCEM sem medo.
Não pensem no Mar Vermelho à frente.

Tenham certeza de que, quando chegarem a ele, as águas se partirão e vocês passarão para a terra prometida da liberdade.

Apeguem-se a Mim. 23 de junho

AGARREM-SE a Mim até que a Minha vida, a vida Divina, por esse próprio contato, flua para o seu interior e faça reviver seu espírito que fraqueja.

Sejam recarregadas. Quando estiverem exaustas, façam como Eu fiz na terra: *Sentem-se junto à fonte. Descansem.*

Descansem e obtenham poder e força; a obra também virá a vocês, assim como veio a Mim.

Descansem até que todo pensamento de preocupação tenha desaparecido, e então deixem que a Maré de Amor e Alegria penetre em vocês.

Quando a orientação demora. 24 de junho

Quando Eu mandar, ajam. Quando não tiverem orientação clara, avancem tranqüilamente ao longo da trilha do dever que Eu coloquei diante de vocês.

Não temam, não entrem em pânico, mas realizem tranqüilamente suas tarefas diárias.

Essa atitude de fé e sua atuação sob Minha Direção direta receberão sua recompensa. Alegrem-se na sensação de segurança que é sua.

Amizade com Deus. 25 de junho

Eu sou o seu Amigo, o Companheiro nos caminhos lúgubres da vida.

Eu tiro desses caminhos sua depressão e horror. Eu os transformo. Até mesmo nas amizades terrenas, o caminho comum, o caminho exaustivo e o caminho íngreme muitas vezes parecem o caminho do Céu se a presença de algum amigo humano amado o transformar.

Deixem que a calma do *sabá* envolva suas mentes e corações. Deixem que ela seja o descanso das preocupações e contrariedades da vida, uma parada na estrada movimentada quando vocês precisarem de descanso e sombra.

Vocês já perceberam como é maravilhosa a Amizade que podem ter Comigo? Já pensaram no que significa poder invocar à vontade o Deus do Universo?

Mesmo um visitante privilegiado a um rei terreno precisa esperar em uma antecâmara no palácio, e a hora da audiência é escolhida pelo rei.

A Meus súditos, no entanto, Eu dei o direito de entrarem em Minha Presença à vontade, além de poderem invocar-Me para sua cabeceira, sua oficina — Eu estarei lá.

Será que o Amor Divino poderia ser maior? Seu amigo terreno mais íntimo não poderia estar instantaneamente com vocês. Seu Senhor, seu Mestre, seu Amigo Divino o faz.

Quando os homens procuram me adorar, eles pensam nos mundos sobre os quais Eu reino, na criação, na lei e ordem poderosa, e então sentem o êxtase que procede a adoração.

Eu digo a vocês que exultem e sintam o desejo de Me adorar em êxtase e admiração, mas que também pensem na condescendência poderosa, suave e humilde de Minha Amizade. Pensem em Mim nas pequenas coisas do cotidiano.

Não se apressem. 26 de junho

APRENDAM nas pequenas coisas do cotidiano da vida a esperar Minha Orientação para começarem a agir...

Falta postura em tantas vidas, pois nas decisões importantes e nas grandes coisas da vida, elas pedem Minha ajuda, mas nas pequenas coisas se precipitam sozinhas.

É pelo que vocês fazem nas pequenas coisas que os que estão ao seu redor são mais freqüentemente atraídos ou repelidos.

Não se recriminem. 27 de junho

Os Braços Eternos abrigam vocês. "Os braços eternos estão sob vós." Essa promessa é para aqueles que se erguem acima da vida terrena e buscam alçar vôo mais alto, até o Reino dos Céus.

Não sintam o peso de seu fracasso. Continuem em fé, as nuvens se abrirão e o caminho se iluminará — a trilha se tornará menos pedregosa a cada passo que derem. Corram de modo a conquistarem a vitória. Realizem as tarefas simples com disciplina, e o sucesso coroará seus esforços.

Eu não disse palavras de recriminação a ninguém que tenha curado. O homem cuja paralisia Eu curei e que havia estragado seu físico pelo pecado se tornou íntegro e livre.

A mulher na fonte não foi sobrecarregada por Meu "Tu tiveste cinco maridos e aquele que está contigo agora não é teu marido".

À mulher flagrada em adultério, Eu disse: "Nem Eu tampouco te condeno; vai e não peques mais", e não que carregasse o peso da consciência de seu pecado...

Lembrem-se agora que esses três permanecem: Fé, Esperança e Amor. A Fé é sua atitude em relação a Mim. O Amor, sua atitude em relação ao seu próximo, mas tão necessária quanto as primeiras é a Esperança, que é a confiança em vocês mesmas e em seu sucesso.

Mesa de delícias. 28 de junho

Esses momentos de instrução e ensino não têm sido em vão. O instante de supressão, repressão e depressão foi transformado em um novo tempo de gloriosa expressão.

A vida flui cada vez mais com Alegria e Satisfação. Em verdade Eu preparei uma mesa de delícias, um banquete com todas as boas coisas para vocês.

Em verdade seu cálice transborda e vocês podem senti-lo na profundidade de seu coração. "Certamente que a bondade e a misericórdia me seguirão todos os dias da minha vida; e habitarei na casa do Senhor para todo sempre."

Minha vontade é a sua alegria. 29 de junho

*Nosso Senhor e nosso Deus. Guia-nos, Te suplicamos.
Guia-nos e guarda-nos.*

Vocês nunca estarão fora do alcance de Meu Amor e Cuidado. Lembrem-se disso. Nenhum mal pode acontecer a vocês. Eu abençôo e uso as circunstâncias certas para vocês.

Eu sei, porém, que o primeiro passo sempre é entregar sua vontade a Mim como uma oferta, certas de que Eu farei o melhor e que, se vocês confiarem em Mim, o que Eu fizer será o melhor.

Seu segundo passo é a certeza e a afirmação a Mim de que Eu sou suficientemente Poderoso para fazer tudo ("Como corrente de águas é o coração do rei na mão do Senhor" e "Eu e Meu Pai somos um").

Deixem então tudo Comigo e sintam-se felizes por depositarem todos os seus negócios nas Mãos de um Mestre, certas da segurança e proteção. Lembrem-se de que não podem ver o futuro. *Eu* posso.

Vocês não poderiam suportar. Então, Eu o revelo apenas aos poucos a vocês. Aceitem Minha Vontade e ela trará alegria a vocês.

Compreendam-nos. 30 de junho

Levem a alegria para onde quer que vão. Vocês foram muito abençoadas. Vocês estão sendo muito abençoadas.

Enormes provisões de bênçãos esperam por vocês nos meses e anos vindouros. Passem cada uma delas adiante.

O Amor pode dar e realmente dá voltas ao mundo, passado adiante de um para outro em correntes divinas.

Derramem um pequeno raio de sol no coração de um, encorajem outro a passá-lo adiante, e assim minha mensagem de vigor e alegria se espalhará.

Sejam transmissoras nesses dias. Amem e Riam. Encorajem a todos. Amem todos.

Busquem sempre compreender aos outros e não falharão em amá-los.

Vejam-Me no obtuso, no desinteressante, no pecador, no crítico, no miserável.

Vejam-Me no riso das crianças e na doçura dos idosos, na coragem dos jovens e na paciência da maturidade.

JULHO

Ataquem o medo. 1º de julho

A PRENDAM a cada dia a sublime lição da confiança e da calma no meio da tempestade. Em qualquer tristeza ou dificuldade que o dia possa trazer, Meu suave Mandamento é que vocês permaneçam calmas do mesmo jeito — *Amem e riam*.

Amor e Riso, e não uma resignação cheia de pesar, marcam a verdadeira aceitação de Minha Vontade. Façam com que cada alma se torne mais corajosa e feliz por ter se encontrado com vocês. Essa deve ser sua atitude com crianças ou jovens, com pessoas de meia-idade ou idosos, na tristeza, no pecado, em relação a tudo que por acaso encontrarem em outros. *Amem e Riam*.

Não temam. Lembrem-se de como Eu enfrentei o diabo no deserto e de como Eu o venci com "a espada do espírito que é a palavra de Deus". Vocês também devem ter sua reação rápida a todo medo que o mal possa apresentar — uma resposta de fé e confiança em Mim. Quando possível, declarem-na em alta voz.

A palavra falada tem poder. Encarem todo medo, não como uma fraqueza de sua parte devido à doença ou preocupação, mas como uma tentação muito real, onde o diabo busca atacar e derrubar vocês.

O espírito criança. 2 de julho

O CAMINHO parece pedregoso? Nem uma rocha poderá impedir seu progresso. Coragem. Enfrentem o futuro, apenas com um coração ousado e feliz. Não busquem *conhecê-lo*. Vocês estarão roubando da Fé sua sublime beleza se o fizerem.

Saibam somente que tudo está bem e que a Fé, que não vê, mas acredita, é a barca que as levará à segurança por sobre as águas tempestuosas.

"Seja feito conforme a tua fé" foi minha ordem aos que buscavam em Mim a cura.

Fosse para a operação de milagres, fosse para a cura, fosse para a salvação, a fé era extremamente necessária, de modo que está clara a razão pela qual Eu insisti para que todos que quisessem entrar em Meu Reino se tornassem como crianças: a fé é a atitude de uma criança.

Busquem de todas as maneiras possíveis se tornarem como crianças. Busquem, busquem, busquem até encontrarem, até que os anos tenham acrescentado à sua natureza aquela de uma criança confiante. Não é somente pela confiança simples que vocês devem imitar o espírito infantil, mas por sua alegria de viver, seu pronto riso, sua ausência de crítica, seu desejo de compartilhar tudo com todos. Peçam muito para se tornarem como criancinhas, amáveis e amorosas em relação a todos, e não críticas e temerosas.

"A não ser que vos torneis como crianças, não podereis entrar no Reino dos Céus."

Plenitude espiritual. 3 de julho

Nosso Senhor, nós Te amamos e desejamos viver para Ti em todas as coisas.

MINHAS filhas: "Bem aventurados os que têm fome e sede de justiça, pois serão saciados." Isso é satisfação.

Apenas na plenitude das coisas espirituais pode o ferido de coração, o fraco ou o exausto ser satisfeito, curado, reanimado. "Senhor", clamamos, "a quem iremos, a não ser a Ti"... "Tu preparas uma mesa perante nós." Pão da Vida. Alimento do Céu.

Oh! Quão poucos se dão conta de que o ato de alimentar os quatro mil e depois os cinco mil foi apenas uma ilustração do modo pelo qual um dia Eu seria o Alimento de Meu povo.

Pensem nas maravilhas ainda a serem reveladas por aqueles que vivem Comigo. Todas essas centenas de anos, e muito do que Eu disse e fiz ainda é mistério, muito de Minha Vida na terra ainda é terreno inexplorado espiritualmente. Essas coisas serão reveladas apenas para o coração simples e amoroso que caminha Comigo. Eu tenho cuidadosamente escondido tudo isso do sábio e prudente e revelado aos pequeninos.

Não sobrecarreguem seu espírito com os pecados e pesares do mundo. Apenas o Cristo pode fazer isso e viver. Busquem o que há de amoroso, de verdadeiro, de gentil e de corajoso nas várias pessoas à sua volta.

Amigo meu. 4 de julho

O *QUE o homem chama de conversão é muitas vezes apenas a descoberta do Grande Amigo.* O que o homem chama de religião é o conhecimento do Grande Amigo. O que o homem chama de santidade é a imitação do Grande Amigo.

A perfeição, essa perfeição que Eu ordenei a todos, o ser perfeito como perfeito é seu Pai no Céu, é ser como o Grande Amigo e, por sua vez, tornar-se um Grande Amigo para outros também.

Eu sou seu Amigo. Pensem novamente em tudo o que isso significa: Amigo e Salvador. Um amigo está pronto a ajudar, antecipando todo desejo, a mão estendida para auxiliar e encorajar ou para livrar do perigo, a voz terna, para acalmar nervos cansados e para falar de paz para o inquieto e temeroso.

Pensem no que seu amigo é para você, e a partir desse pensamento, tentem ver um pouco do que seria o Amigo Perfeito, incansável, altruísta, vencedor e poderoso para fazer milagres. *Esse* Amigo é mais ainda do que seu coração pode imaginar, esse *Amigo* sou Eu.

Se Eu fizesse valer em Meu Reino — Meu Reino do Coração das Crianças — as doutrinas de suas igrejas, muitas vezes não haveria resposta. Mas as regras simples que dei a meus seguidores são conhecidas e seguidas por todos eles.

Em tudo busquem a simplicidade.

Vocês são invencíveis. 5 de julho

Estou sempre com vocês, controlando, abençoando e ajudando. Nenhum homem ou mulher pode resistir à Minha Vontade para vocês. Um mundo inteiro de homens e mulheres não poderá fazê-lo, se vocês confiarem em Mim e colocarem seus problemas em Minhas Mãos.

Ao passageiro, parece que cada onda passará por cima do navio ou o desviará de sua rota. O capitão sabe por experiência que, apesar do vento e das ondas, ele manterá o rumo certo para o porto de destino.

Confiem então em Mim, o Capitão de sua salvação.

Riqueza. 6 de julho

Nunca se permitam pensar "não posso me dar ao luxo disso" ou "nunca serei capaz disso". Digam "a provisão divina ainda não chegou, mas virá, se isso for para mim. Com certeza virá".

Perseverem afirmando essa verdade e gradualmente vocês serão tomadas pela sensação de serem completamente supridas e envolvidas por riquezas. Esse sentimento é sua fé clamando por Minha Provisão, e será feito de acordo com ela.

Mas não é a fé expressa em momentos de oração e exaltação que Eu busco, mas aquela que afasta imediatamente as dúvidas do dia à medida que nascem, aquela que ataca e vence toda sensação de limitação.

"Pedi e dar-se-vos-á."

Dolorosa preparação. 7 de julho

Auxílio, paz e alegria estão aqui. Sua coragem será recompensada.

Um dia vocês verão a razão para esses tempos difíceis e também reconhecerão que não foram um teste cruel, mas a suave preparação para o trabalho vital que vocês duas realizarão.

Tentem perceber que suas próprias orações estão sendo maravilhosamente respondidas. Respondidas de um modo que parece doloroso a vocês, mas que nesse exato momento é o único caminho possível.

O sucesso no mundo material não as satisfaria.

O sucesso maior, tanto no mundo material como no espiritual, espera vocês.

Eu sei que vocês reconhecerão que precisavam passar por isso.

Meu Segredo.   8 de julho

Vocês estão sendo guiadas, mas lembrem-se de que Eu disse: "Guiar-te-ei com Meus Olhos."

E Meus Olhos são Meu propósito estabelecido: a Minha Vontade.

Guiar com Minha Vontade é trazer todos os seus desejos à unidade com a Minha Vontade, com Meus desejos.

É transformar a Minha Vontade em sua única vontade. Então a Minha Vontade as guiará.

Por que a dúvida?   9 de julho

ALEGREM-SE em Mim. A Alegria é contagiante. Confiem e orem. Alguém que Me conhece apenas como Deus, como Criador, não peca se duvidar de Mim e questionar Meu Amor e propósito.

Para aquele, como vocês, no entanto, que Me conhece como Amigo e Salvador e que conhece o Deus do Universo como Pai, para esse, duvidar do Meu propósito, Poder salvador e suave Amor é realmente errado.

Esperem muitos milagres. 10 de julho

MINHA proteção é maravilhosa.
Não esperem um só milagre, mas muitos.

Os acontecimentos de cada dia, se estiverem sob Minha operação e Meu controle, são milagres.

Anjos da guarda. 11 de julho

VOCÊS são Minhas. Uma vez que Eu as tenha selado com Meu selo de propriedade, todas as minhas Hostes afluem para servir e proteger vocês.

Lembrem-se de que são filhas de um Rei.

Tentem imaginar uma escolta de servos Meus no Invisível, esperando, ansiosos, eficientes, para fazer todo o necessário a seu bem-estar.

Sintam isso enquanto atravessam o dia. Sintam isso e tudo ficará bem.

Salvador e salvador. 12 de julho

SE vocês acreditarem que foi a Minha Mão que as salvou, devem crer que Eu pretendo salvá-las ainda mais e mantê-las no caminho em que devem andar.

Até mesmo um salvador humano não livra alguém do afogamento apenas transportando-o a outras águas profundas e perigosas, mas o leva até a terra seca, e mais, o restaura, reanima e cura, levando-o para casa.

Deduzam dessa parábola o que Eu, seu Salvador, faria, e até mais. "Será que a Mão do Senhor está encolhida, que não possa salvar?"

Meu grito na cruz, "Está consumado!" é Meu Grito pela Salvação do mundo inteiro.

Eu termino toda tarefa que me tenha sido atribuída. Então, confiem e não temam.

Esperem o bem.   13 de julho

SERÁ que vocês conseguem ter a atitude esperançosa da fé, sem ficar esperando que o próximo mal caia sobre vocês, mas aguardando com a confiança alegre de uma criança pela próxima bênção reservada para vocês?

Sucesso verdadeiro.   14 de julho

Nosso Senhor, Te agradecemos por ter nos guardado.

ALEGREM-SE realmente em ver Minha Mão em todos os acontecimentos e livramentos do dia. Os israelitas cruzaram o Mar Vermelho protegidos por Mim; do mesmo modo, vocês estão protegidas em todas as coisas.

Confiem nisso e avancem. Vocês acabam de penetrar na etapa do sucesso. Não duvidem disso. Devem vê-lo e não duvidar dele. É verdade. É certo.

Não há idade na Vida Eterna. Não sintam pena de vocês mesmas, apenas alegria e gratidão.

Essas últimas semanas representaram a submersão antes da consciência do resgate. Avancem agora e vençam. Avancem sem medo.

Canções do caminho. 15 de julho

Vários de Meus discípulos precisaram ficar na escuridão, sozinhos e sem amigos.

Eles continuaram a lutar, cantando enquanto avançavam.

Para vocês também deve haver canções no caminho.

Será que Eu plantaria seus pés em uma escada insegura?

Os suportes podem estar fora de seu campo de visão, escondidos no Esconderijo do Altíssimo, mas se Eu pedi a vocês que pisassem e subissem com firmeza, então Eu certamente terei fixado bem sua escada.

Refúgio. 16 de julho

Conheçam Meu Poder Divino. Confiem em Mim. Refugiem-se no Meu Amor. Riam e confiem. O Riso é a fé de uma criança em Deus e no bem.

Busquem a segurança em Meu Esconderijo.

Com certeza vocês não podem ser tocadas nem feridas ali.

Sintam realmente como se fossem uma Torre forte e bem guardada, e contra a qual nada pode prevalecer.

Aquietem-se. **17 de julho**

ALEGREM-SE, alegrem-se. Eu tenho muito a ensinar a vocês. Não pensem que Eu retenho Minha Presença quando não revelo ainda mais de Minha Verdade a vocês.

Vocês estão passando pela tempestade. Já basta que Eu esteja com vocês para dizer "Aquietai-vos" para acalmar tanto ventos quanto ondas.

Foi nas encostas tranqüilas das montanhas que Eu ensinei a Meus discípulos as Verdades de Meu Reino, e não durante a tempestade.

Então, com vocês, o tempo das encostas montanhosas virá, e vocês descansarão em Mim e aprenderão de Mim.

Caminhem humildemente. **18 de julho**

O TEMOR do que outros possam dizer significa falta de confiança em Mim. Isso não deve acontecer. Convertam todas essas dificuldades na purificação de seu caráter.

Vejam-se como aqueles ao seu redor as vêem, e não como vocês mesmas desejariam ser, e caminhem humildemente com seu Deus.

Eu as exaltarei porque vocês conheceram Meu Nome, mas apenas um eu purificado será exaltado.

Acontecimentos maravilhosos. 19 de julho

Nosso Senhor, com os corações cheios de alegria nós agradecemos a Ti por Tuas maravilhosas bênçãos derramadas sobre nós hoje e todos os dias.

Eu estou ao seu lado. Sigam a Minha Orientação em tudo. Maravilhas além de toda sua imaginação estão se revelando. Eu sou seu Guia. Alegrem-se nesse pensamento. Seu Guia e Amigo.

Lembrem-se de que para Mim, um Milagre é apenas um evento natural. Para Meus discípulos, Meus escolhidos, um milagre é apenas um evento natural. Mas é um evento natural que opera por meio de forças espirituais, e por isso o homem que trabalha e compreende apenas o que os sentidos lhe mostram o vê como algo contrário à Natureza.

Lembrem-se também de que o homem natural está em inimizade com Deus. Percebam completamente, e orem para perceber mais e mais, que não há nada maravilhoso demais que possa acontecer com vocês no cotidiano, se forem guiadas e fortalecidas por Mim.

Minhas filhas, os filhos de Meu Reino são um povo especial, separado, com esperanças, aspirações, motivos e uma sensação de recompensa diferente.

Vocês vêem um evento maravilhoso (como o de hoje), acontecendo tão facilmente, tão normalmente, tão livre de todo outro agente, e se admiram.

Ouçam, minhas filhas, isso não aconteceu fácil e simplesmente. Foi conquistado por horas, dias, meses de exaustão e sofrimento combatido e derrotado por um desejo firme e irredutível de vencer o ego, de fazer Minha Vontade e de viver Meus ensinamentos.

Os aborrecimentos, preocupações e desprezo sofridos com paciência significam a aquisição do Poder espiritual que opera de modo maravilhoso.

Meus padrões. 20 de julho

CUMPRAM com Meus Mandamentos e deixem o resultado Comigo. Façam isso com tanta obediência e fidelidade quanto esperariam que uma criança seguisse determinada regra em uma soma, sem questionar nada a não ser se o trabalho é feito de acordo com as ordens, e o resultado será correto.

Lembrem-se de que os mandamentos que Eu dou a vocês já foram trabalhados por Mim no Mundo Espiritual para produzir, em seu caso e circunstâncias, o resultado necessário.

Então, obedeçam cuidadosamente a meus mandamentos. Conscientizem-se de que nisso reside a perfeição do Guiar Divino. Seguir uma regra estabelecida até mesmo pelo homem mais sábio da terra pode levar ao desastre.

O conhecimento de sua vida e caráter individual, de sua capacidade, circunstâncias e tentações deve ser, até certo ponto, insuficiente, mas seguir minha Orientação direta significa cumprir com as instruções dadas por Quem conhece completamente vocês e o resultado esperado.

Cada indivíduo foi criado para caminhar Comigo assim, para agir sob o controle Divino, fortalecido pelo Poder Divino.

Será que já não lhes ensinei a amarem a simplicidade? Não importa o que o mundo pense, os desejos e intrigas do mundo não são para vocês. Oh! Minhas filhas, aprendam de Mim. A simplicidade traz o descanso. Verdadeiro descanso e Poder.

Para o mundo, a tolice, talvez, mas para Mim, um antegozo da Divindade. Nunca se deixem guiar pelos padrões do mundo. O Meu Padrão deve ser o único para vocês.

O caminho do louvor. 21 de julho

Eu estou ensinando a vocês duas o Meu Modo de remover montanhas. O caminho para se remover montanhas é o caminho do Louvor. Quando passarem por problemas, pensem em todas as coisas pelas quais vocês devem ser gratas. Louvem, louvem, louvem.

Agradeçam constantemente. Seu coração agradecido e repleto de louvor é que remove as montanhas.

O milagre de todos os tempos. 22 de julho

Permaneçam em Mim. "Ainda fareis obras maiores do que as Minhas, porque Eu vou para Meu Pai."

"*Obras maiores!*" Os cegos receberam a visão, os paralíticos andaram, os leprosos foram limpos e aos pobres foi pregado o Evangelho. "E obras maiores do que essas farão, porque Eu vou para Meu Pai."

Maravilhas do Mundo! Milagres de todas as Épocas! O Poder de Deus manifestado no homem que crê! O Poder de Deus se derramando para abençoar, tendo como agente o homem movido pelo Espírito Santo. Levantem-se do túmulo da doença, da pobreza, da dúvida, do desalento, da limitação. "Ergue-te e resplandece, pois a Luz já veio e a glória do Senhor se levanta sobre Ti."

Um futuro maravilhoso está diante de vocês. Um futuro de poder ilimitado para abençoar a outros. Sejam simplesmente canais. Deixem-se usar. Peçam. Peçam. "Pedireis o que quiserdes e vos será feito", até mesmo para aqueles por quem vocês orarem.

Cessem toda obra, até...   23 de julho

Ó Senhor, concede-nos essa maravilhosa paz interior.

MINHAS filhas, essa Paz realmente ultrapassa todo entendimento. Essa Paz, nenhum homem a pode tirar de vocês. Nenhum homem tem o poder de perturbar essa Paz; apenas vocês mesmas podem deixar o mundo, seus cuidados e distrações a invadirem.

Vocês podem dar entrada a medos e depressão. Podem abrir a porta ao ladrão que rouba e destrói sua paz.

Estabeleçam para vocês mesmas a tarefa de não permitirem que nada perturbe sua paz e a calma de seu coração em Minha Presença. Cessem todo trabalho, parem toda interação com outros — até que ela seja restaurada. Não deixem que outros ao seu redor corrompam a paz de seu coração e mente. Não deixem ninguém carente dela, nem que qualquer problema, irritação ou adversidade a perturbe, nem que seja por um só momento.

Considerem cada dificuldade como a instrução que as capacitará a adquirir essa paz. Cada serviço, cada interrupção; procurem ver que nada disso atinge a harmonia do eu real, que está escondida Comigo no Esconderijo do Pai.

Fiquem perto.   24 de julho

*Nosso Senhor, guia-nos. Mostra-nos Tua vontade
e Teu caminho em todos os momentos.*

Fiquem perto de Mim e vocês conhecerão o Caminho, porque, como Eu disse a Meus discípulos, Eu sou o Caminho. Essa é a solução para todos os problemas do mundo.

Mantenham-se perto, muito perto de Mim. Pensem, ajam e vivam em Minha Presença.

Como qualquer inimigo ousará tocar em vocês, se estiverem protegidas por Mim? Esse é o segredo de todo Poder, toda Paz, toda Pureza, toda influência: A Minha Proximidade.

Permaneçam em Mim. Vivam em Minha Presença. Rejubilem-se em Meu Amor. Agradeçam e Louvem o tempo todo. Maravilhas estão se revelando.

Vida Maravilhosa.   25 de julho

Eu sou o Senhor seu Deus. Senhor de suas vidas, Aquele que controla seus dias, seu presente e seu futuro. Deixem todos os planos Comigo. Apenas façam o que Eu ordenar.

Vocês já entraram, as duas, na vida guiada por Deus. Pensem no que isso significa. Projetada por Deus, direcionada por Deus.

Será que há algo maravilhoso demais para tal vida? Será que vocês já começam a perceber como a vida Comigo pode ser maravilhosa?

Será que não vêem que nenhum mal pode acontecer a vocês?

Esqueçam e perdoem. 26 de julho

Nosso Senhor, Te agradecemos por tantas coisas.
Bendizemos-Te e louvamos Teu glorioso nome.

ENCHAM seu mundo de Amor e Riso. Nunca se importem com que angústias estejam atrás de vocês.

Esqueçam-se, perdoem, amem e riam.

Tratem a *todos* como Me tratariam, com amor e consideração.

Não deixem que nada que os outros façam a vocês altere seu tratamento em relação a eles.

Meu consolo. 27 de julho

Ó Jesus, vem, caminha conosco e deixa-nos
sentir Tua proximidade.

EU caminho com vocês. Oh! Pensem, Minhas filhas, não o faço somente para guiá-las e consolá-las, fortalecê-las e erguê-las, mas para aliviar e consolar a Mim mesmo.

Quando uma criança amorosa está perto de vocês, será que é somente pela proximidade que vocês podem oferecer proteção e ajuda a esse pequenino?

Em vez disso, também, o fato de poderem encontrar alegria, coragem e consolo na simplicidade dessa criancinha significa confiança.

Também está em seu poder confortar e trazer alegria ao Meu Coração.

Erros. 28 de julho

Eu sou o seu Escudo. Nenhum açoite do mundo poderá feri-las. Sintam que há um escudo forte entre vocês e todo escárnio e indignidade. Pratiquem esse sentimento até que nada tenha o poder de atrapalhar sua paz interior. Então, realmente, uma vitória maravilhosa será conquistada.

Às vezes vocês se perguntam por que podem cometer erros em sua escolha se tiverem buscado tão verdadeiramente Minha intervenção no assunto.

Em relação a isso Eu digo que não foi erro nenhum... todas as suas lições não podem ser aprendidas sem dificuldade, e era preciso ensinar uma lição a vocês. A promessa não é feita para aquele que continua caminhando sem obstáculos em seu caminho, mas para aquele que os *supera*.

Então, para conquistar rapidamente a paz com seus semelhantes, assim como em seu coração, aprendam rápido a lição. E a *superação* nunca é a superação daquele que as perturbou, mas a vitória sobre as fraquezas e erros em sua própria natureza.

Não se contentem com nenhum padrão menos elevado. "Por isso sejais *perfeitos* como é perfeito Vosso Pai no Céu."

Pântanos iluminados pelo sol.   29 de julho

Senhor, abençoa-nos nessa hora da noite,
e cura-nos a todos por Tua Misericórdia.

Não pensem que o sofrimento é o único caminho para Meu Reino. Há clareiras iluminadas pelo sol e trilhas entre as flores mais lindas, ao longo das quais os passos e os corações dos homens são atraídos a Mim. Há pássaros, riso e borboletas, e o ar quente e revigorante do verão, e com esses como suaves companheiros e amigos, o Caminho da Alegria para meu Reino pode ser percorrido.

Nem todos os caminhos são áridos, frios e desolados, pedregosos e cheios de arbustos espinhentos. Deixem tudo em Minhas Mãos: a escolha dos caminhos, a orientação durante seu percurso. Mas quando a luz do sol as chamar, aceitem-na alegremente.

Mesmo no Mundo Espiritual, o apreço resulta da experiência contrária. Será que a proximidade da lareira de uma casa pode ser mais cara a alguém do que ao viajante que abriu caminho por pântanos desertos e tempestades estonteantes? Recebam em seus corações essa palavra de encorajamento. "Ele não permitirá que sejais tentados acima de vossas forças, mas, junto com a tentação, também dará um meio de escape para que possais suportá-la."

O mundo não é o Reino. No mundo tereis aflições, mas "tende confiança, Eu venci o mundo". Vivam Comigo, o Cristo Vencedor, e a Alegria e a Paz da Vitória também serão suas.

A fé recompensada. 30 de julho

Pensem muito em Meus servos de antigamente, em como Abraão acreditou na promessa (quando ele ainda não tinha filhos) de que de sua semente todas as nações da terra seriam abençoadas.

Como Moisés levou os Filhos de Israel através do deserto, na certeza de que, no final, eles conquistariam a Terra Prometida.

Ao longo dos tempos sempre houve aqueles que obedeceram, sem ver, mas crendo, e sua Fé foi recompensada. Assim deve ser com vocês.

Gratidão. 31 de julho

Dêem-Me o presente de um coração corajoso e agradecido.

O homem prova sua grandeza por sua capacidade em ver razões para gratidão em sua vida.

Quando a vida parecer difícil e os problemas se amontoarem, procurem definitivamente motivos para agradecer.

O sacrifício, a oferta de louvor, é na verdade um doce incenso que sobe até Mim durante um dia ocupado.

Busquem diligentemente algo com que se sentirem alegres e gratos em cada acontecimento, e logo, logo não precisarão mais procurar.

As causas para alegria e gratidão saltarão para saudar seus corações amorosos.

AGOSTO

Comunhão abençoada. 1º de agosto

Jesus, que Tua Linda Presença esteja sempre conosco.

"Eu nunca vos deixarei nem vos abandonarei."
Não há união na terra que se compare àquela entre uma alma que Me ama e Eu.

Essa Amizade é preciosa além de toda imaginação terrena.

Da fusão de coração, mente e vontade resulta uma união e apenas os que a vivenciam podem perceber uma minúscula parte dela.

Colheita. 2 de agosto

Meu Senhor, buscamos Tua bênção.

Eu amo derramar Minhas bênçãos em medida recalcada e sacudida. No entanto, como quando se planta, o solo precisa ser preparado antes da semente ser enterrada.

Cabe a vocês preparar o solo, e a Mim plantar a bênção em semente no chão já preparado.

Juntos compartilhamos e nos alegramos na colheita.

Passem mais tempo preparando o solo. A oração o fertiliza. Há muito a fazer nessa preparação.

Dêem cada momento a Mim. 3 de agosto

M INHAS filhas, como Meu Coração ama o grito de Amor que pede tudo de Mim, que deseja cada ação, pensamento, palavra e movimento Meus!

Como é limitada a compreensão de alguém que pensa que o dinheiro investido em alguma boa obra é o máximo que pode oferecer. Eu desejo acima de tudo Amor, Amor verdadeiro, caloroso, Amor infantil, Amor compreensivo e confiante, e então o presente que Eu prezo mais depois desse são os momentos, todos os momentos.

Eu penso que até mesmo quando vocês tiverem Me oferecido toda Vida, todo dia, toda hora, impelidas pelo desejo impetuoso do Amor ao Meu serviço, mesmo então aprender o que significa Me dar os momentos é uma lição longa e difícil.

As pequenas coisas que vocês planejavam fazer são abandonadas alegremente por Minha sugestão, os pequenos serviços são alegremente prestados. Vejam-Me em tudo e então todas as tarefas se tornarão fáceis.

Esse é um momento precioso de iniciação. Lembrem-se, porém de que esse caminho não é para todos, mas apenas para os que sentiram o grito pesaroso do mundo que precisa de Salvação e do suave apelo de um Salvador que necessita de seguidores por meio dos quais possa realizar alegremente sua grande obra redentora.

Vida eterna.   **4 de agosto**

*Ó Jesus, nós Te amamos tanto,
e desejamos ardentemente Te servir.*

MINHAS filhas, vocês duas farão grandes coisas para Mim. Glórias e maravilhas estão se revelando. A Vida é um todo glorioso.

Encham-se cada vez mais com essa maravilhosa Vida Eterna. O fluxo da Vida Eterna através do espírito, mente e corpo, limpa, cura, restaura, renova a juventude e continua fluindo para os outros com o mesmo poder milagroso.

"E a Vida Eterna é essa, que Te conheçam... e a Jesus Cristo, a quem Tu enviaste." Procurem então conhecer-Me mais e mais pelo contato constante.

Façam com que Eu seja a única Presença em seu dia da qual vocês estejam permanentemente conscientes. Busquem *fazer* menos e realizar mais, conquistar mais. Fazer é agir. Realizar é ação bem-sucedida.

Lembrem-se de que a Vida Eterna é a única vida duradoura, de modo que tudo que é feito fora do Poder do Meu Espírito, de Minha Vida, passa. Tudo que é realizado na Vida do Espírito é imortal.

"Eu dou a eles a vida eterna, e eles nunca morrerão, nem homem algum os arrancará das Minhas mãos." Vida Eterna então também significa proteção e segurança. Permaneçam cada vez mais na consciência dessa proteção e segurança.

Hora de necessidade. 5 de agosto

Senhor, vem a nós e cura-nos.

Eu sou Aquele que cura vocês, sua Alegria, seu Senhor. Vocês Me suplicam, a seu Senhor, que venha. Será que não sabem que estou aqui? Eu me aproximo de vocês com passos silenciosos.

Sua hora de necessidade é o momento de Minha Vinda.

Se vocês pudessem conhecer Meu Amor e medir Meu desejo de ajudar, saberiam que Eu não preciso de súplicas agoniadas.

Sua *necessidade* é o Meu Chamado.

Permaneçam à parte. 6 de agosto

Descansem mais em Minha Presença. Se Eu, o Filho de Deus, necessitava desses momentos de tranqüila comunhão com Meu Pai, sozinho, longe de todos, de barulhos e de atividade, com certeza vocês também precisam deles.

O novo enchimento com o Espírito é uma necessidade. Vocês precisam se isolar, se fechar, colocando-se longe de tudo, no esconderijo de seu ser — separadas, sozinhas Comigo.

É desses momentos que vocês sairão cheias de Poder para abençoar e curar.

Está tudo bem. 7 de agosto

Nosso Senhor, abençoa-nos e guarda-nos,
nós Te suplicamos.

Meu Poder Mantenedor nunca falta; o que falha é sua capacidade de percepção. A questão não é se Eu posso prover um abrigo contra a tempestade, mas sua insegurança em relação à proteção que esse abrigo pode oferecer.

Todo medo, toda dúvida é um crime contra Meu Amor.

Ó filhas, confiem. Pratiquem diariamente, várias vezes por dia, dizendo: "Está tudo bem."

Repitam até acreditarem nisso, até saberem disso com certeza.

Esvaziem-se. 8 de agosto

CONFIEM somente em Mim. Não peçam ajuda a mais ninguém. Paguem tudo, confiando completamente que mais virá para suprir suas necessidades.

Esvaziem rápido seus recipientes para assegurarem a Provisão Divina.

Quanto mais vocês retiverem, menos receberão de Mim. Essa é a Lei do Suprimento Divino.

Apegar-se, reter, implica em medo do futuro e falta de confiança em Mim.

Quando vocês Me pedem para salvá-las do mar da pobreza e das dificuldades, precisam confiar totalmente em Mim. Se não o fizerem e sua oração e fé forem genuínas, Eu precisarei primeiro responder a seu pedido de auxílio como um salva-vidas socorre um homem que se afoga, lutando para salvar-se.

Ele o torna mais impotente até que se submeta por completo à vontade daquele que o resgata. *Assim* vocês devem compreender *Minha* liderança. Confiem totalmente. Confiem completamente.

Esvaziem seu recipiente. Eu o encherei. Vocês duas pedem para compreender o suprimento divino. É uma lição muito difícil para meus Filhos, pois se tornaram tão dependentes do suprimento material que não conseguem compreender. Vocês devem viver como Eu ordenei que vivessem.

Dependam apenas de Mim.

Esforço e descanso.   9 de agosto

Venham a Mim, falem Comigo, permaneçam em Mim e então saberão que Meus Caminhos são caminhos seguros e que Minhas Trilhas são trilhas protegidas.

Acheguem-se muito a Mim.

Cavem profundamente o solo do Reino. Esforcem-se e descansem; pratiquem uma união dos dois.

Ovelhas perdidas.   10 de agosto

Ó Jesus, guia nossos passos, senão nos perderemos.

O único modo de vocês não se perderem, Minhas filhas, é ficarem tão perto de Mim que nada, nenhum interesse, nenhuma tentação, nem qualquer outra coisa possa entrar no meio de nós.

Nessa certeza só resta a vocês ficarem a Meu Lado, sabendo que, já que sou o próprio Caminho, nada pode impedir que estejam Nele e nada pode fazer com que se percam.

Eu prometi Paz, e não lazer; descanso e consolo para suas almas, mas não prazer. Eu disse: "No mundo terei aflições"; então não sintam, quando das adversidades, que vocês falharam ou que não estão sendo guiadas por Mim, pois Eu disse: "No mundo tereis aflições, *mas* tende confiança, pois Eu venci o mundo."

Então aprendam de Mim o Poder vencedor de quem, apesar de cuspido, escarnecido, malcompreendido, abandonado, crucificado, ainda assim pôde ver que Sua Obra não foi afetada por essas coisas e gritou em triunfo de Sua Cruz: "Está consumado!"

Não a dor, o escárnio, a agonia, mas Sua Tarefa.

Que esse pensamento as conforte. Em meio à derrota, desacordo, insultos, sofrimento, agora mesmo os amigos e anjos podem estar preparados para fazer soar o coro: "Está consumado."

Vocês são Minhas. 11 de agosto

Jesus, Tu velas sobre nós para nos abençoar
e para cuidar de nós.

SIM! Lembrem-se de que Eu constantemente as levo da escuridão para a luz, da inquietação para o descanso, do caos para a ordem, das falhas e do fracasso para a perfeição.

Confiem então completamente em mim. Nada temam. Esperem sempre. Olhem constantemente para Mim e Eu serei seu Auxílio infalível.

Eu e Meu Pai somos um. Aquele, então, que criou do caos o mundo em beleza e ordem, que deu às estrelas suas rotas e que fez com que cada planta conhecesse sua estação, será que não poderá fazer brotar de seu pequeno caos a paz e a ordem?

Ele e Eu somos Um, e vocês são Minhas. Seus problemas são Meus. Minha Tarefa Divina é colocar ordem em Meus problemas, e por isso os seus serão organizados por Mim.

Dominem o mundo.   12 de agosto

L EMBREM-SE de que nenhuma oração fica sem resposta. Lembrem-se de que no momento em que algo parecer errado a vocês, ou em que os atos de alguém não forem o que deveriam ser, é aí que começa sua obrigação e responsabilidade de orar para que tudo seja corrigido, ou para que aquela pessoa se corrija.

Enfrentem suas responsabilidades. O que está errado em seu país, políticos, leis, povo? Pensem tranqüilamente e tornem esses seus temas de oração. Vocês verão vidas que vocês nunca tocaram serem transformadas, leis serem criadas conforme seu pedido e males erradicados.

Sim! Vivam em seu sentido mais amplo. Vivam para servir e para salvar. Mesmo que nunca saiam de um quarto, podem se tornar uma das forças mais poderosas trabalhando em prol do bem em seu país e no mundo.

Pode ser que nunca vejam a enorme obra que realizam, mas Eu a vejo, o mal a vê. Oh! Que vida gloriosa, a vida que salva! Há outros obreiros junto Comigo. Vejam isso mais e mais.

Amem Comigo, vocês, que compartilham da Minha vida.

Perfeição. 13 de agosto

Ó Jesus, ajuda-nos, nós Te suplicamos.

SEMPRE serei seu Auxílio no caminho da escuridão à Luz, da fraqueza ao Poder, do pecado à Salvação, do perigo à Segurança, da pobreza à Saciedade, da indiferença ao Amor, do ressentimento ao Perfeito Perdão.

Nunca se sintam satisfeitas ao se compararem com os que estão ao seu redor. Lembrem-se sempre de Minhas palavras: "Sejais perfeitos, como perfeito é Meu Pai nos Céus." Não se contentem com nada menos do que isso.

Que cada uma de vocês faça da revisão de caráter uma prática, seja em relação à vida, a seus queridos, a seu lar, a seus amigos e conhecidos, a seu país e a seu trabalho.

Observem onde Eu agiria de modo diferente no mesmo relacionamento, circunstâncias ou situação. Planejem a melhor maneira de erradicar cada falha e de evitar cada pecado, erro ou omissão.

Façam essa reflexão pelo menos semanalmente.

Meu dom mais precioso. 14 de agosto

*Jesus, Tu vieste para que tenhamos vida,
e a tenhamos em abundância.*

VIDA, espiritual, mental, física, vida abundante, vida Feliz, vida Poderosa. Sim! Eu vim para dar tudo isso a vocês.

Será que vocês não pensam que Meu Coração se entristeceu por tão poucos terem aceitado esse dom gratuito?

Pensem! O presente mais valioso, mais primoroso, oferecido, gratuitamente, para todos, e ninguém se importou em estender a mão e recebê-lo.

Será que isso é possível? Meu Dom, o Dom mais rico que o Céu tem a oferecer, o Dom precioso da Vida, da Vida abundante, e o homem que se afasta dele, que o rejeita, não o receberá.

Não permitam que isso aconteça com vocês. Apressem-se a aceitá-lo e a usá-lo.

Nenhum castigo. 15 de agosto

EU guiarei seus esforços. Vocês não estão sendo castigadas por pecados passados. Tomem Minhas Palavras reveladas a vocês a cada dia, desde o início, e façam o que Eu digo. Eu tenho mostrado o caminho. Vocês não têm me obedecido nisso.

Eu tenho um plano que somente assim poderá ser revelado. Raramente Eu encontro em união duas almas que desejam somente a Minha Vontade e apenas Me servir. A união opera milagres.

Eu já lhes disse que anseio por usar vocês em Minha Obra. Há muito tempo Meu mundo teria sido trazido a Mim se Eu tivesse sido servido por muitos como essas *duas almas*.

Sempre tem sido "de dois em dois".

Livres do trabalho exaustivo. 16 de agosto

DESCANSEM. É errado trabalhar além das forças. Descansem até que a Vida, a Vida Eterna, fluindo através de suas veias, corações e mentes, ordene que se mexam. Trabalho, feliz trabalho se seguirá.

O trabalho realizado por pessoas exaustas nunca faz diferença.

Descansem. Lembrem-se de que Eu sou seu Médico e Aquele que cura corpo e mente.

Olhem para Mim em busca de saúde, descanso e Paz.

Risos da natureza. 17 de agosto

EU estou chegando, Eu estou chegando. Vocês precisam de Mim. Vivam muito ao ar livre. Minha luz do sol, Meu ar glorioso, Minha Presença e Minha instrução não estariam disponíveis em outro lugar para vocês. A luz do sol ajuda a alegrar o coração do homem. É o sorriso da Natureza.

Vivam muito ao ar livre. Meus remédios são o sol e o ar, a confiança e a fé. Confiem no sol espiritual, deixem-se envolver pelo Espírito Divino.

A fé é a inspiração, pela alma, do Espírito Divino. Mente, alma e corpo precisam de ajuda. Acolham Meu tratamento para ambas. Aproximem-se de Mim.

A Natureza é muito freqüentemente Minha enfermeira para almas cansadas e corpos exaustos. Deixem que ela opere em vocês duas.

Pedras no caminho.   **18 de agosto**

Eu estou aqui. Nenhuma distância Me separa de vocês. No Reino do Espírito, não medimos em quilômetros terrenos. Uma palavra falsa, uma falha inspirada pelo medo, uma crítica áspera, essas são as distâncias entre uma alma e Eu. Seu treinamento deve ser severo, para que seu trabalho para Mim não seja prejudicado.

Vocês têm buscado a Minha Presença, e aqueles que buscam acharão. Não é uma questão de esforço humano tanto quanto de consciência, de entrega incondicional à Minha Vontade nas pequenas e grandes coisas da vida. É isso que torna possível todo Meu Guiar.

Vocês conhecem a diferença entre levar com vocês pelo caminho uma criança satisfeita, amorosa, saltando de alegria, quando ela antecipa cada direção e aceita naturalmente cada decisão quanto a cada curva — e outra, que resiste, é rebelde, precisa ser forçada, mesmo se em seus momentos mais tranqüilos ela disser: "Sim, eu quero ir com você. Não posso ficar sozinha, embora odeie esse caminho."

O que importa a Meus discípulos não é o caminho, mas a alegria amorosa com que recebem o caminho e a instrução. Vocês estão prontas para a instrução, mas ainda não se alegram como deveriam, vocês duas, com as pequenas pedras no cotidiano do caminho.

Um templo humano.   19 de agosto

Senhor, nós Te amamos e Te adoramos.

INCLINEM-SE diante de Mim. A Adoração não é uma súplica, apesar de ambas expressarem as diversas necessidades de Mim. Inclinem-se completamente em adoração, conscientes não só de Minha humanidade, mas de Minha Divina Majestade.

Quando vocês se ajoelharem em humilde louvor, Eu lhes direi que quando tomei sobre Mim sua humanidade, foi com o desejo de erguê-la até a Minha Divindade.

A terra deu-Me seu melhor, um tempo humano para encerrar Minha Divindade, e Eu concedi a ela a posse do Poder, do Amor e da Força Divina, para serem sempre expressos naqueles de seus filhos que Me aceitarem, abrirem seus corações para Mim e buscarem viver a Minha Vida.

Então, ajoelhando-se em espírito de humildade, voltem seus olhos em direção aos Céus e percebam a majestade, o Poder e a Beleza que podem ser seus. Lembrem-se de que não há limites para minhas dádivas — mas pode haver alguns para sua aceitação.

Oh! Rejubilem-se com as maravilhas para as quais vocês são chamadas e, vendo-as na oração, ergam-se em Minha Força, repletas do desejo ardente de conquistá-las.

Vergonha e remorso. 20 de agosto

MINHAS filhas! Sim! "Escudo contra o desprezo e abrigo contra a recriminação." Muitas vezes Eu preciso proteger Meus discípulos contra seu desprezo e recriminação por eles mesmos.

Meu pobre Pedro nunca teria feito Minha obra, nunca teria tido a coragem de continuar a viver ou a ousadia de viver para Mim, a não ser pelo doce amor com que o envolvi. Não foi da raiva de Meu Pai, que é todo Amor, que Eu precisei protegê-lo. Não foi do desprezo de meus inimigos, nem do ressentimento de Meus amigos. Não! Mas do ódio do próprio Pedro.

O mesmo acontece hoje com os que Me seguem; têm a mesma vergonha, remorso e desprezo por eles mesmos e por seus fracos eus do que os de antigamente. Eles tinham a intenção de serem muito fortes e corajosos para Mim, e então Eu preciso protegê-los com um escudo de amor ou nunca teriam a coragem de lutar e vencer. Esse enfrentamento do verdadeiro eu, no entanto, é necessário: vergonha e remorso devem ser sentidos, pois essa é uma etapa no desenvolvimento. No entanto, é apenas uma etapa. Que utilidade teriam as alegres asas de uma borboleta se permanecessem coladas à terra, sobrecarregadas com o pensamento de seu passado desprezível? E eis que agora digo a vocês duas que não devem conceder nem um minuto ao pensamento em seus pecados, erros, falhas e maus hábitos do passado.

Vocês devem ser como aquele que corre uma corrida, tropeça e cai, se levanta e se apressa para a meta. De que serviria parar para examinar o ponto em que se caiu, chorar pelo atraso, pela falta de visão que impediu que se previsse e evitasse os obstáculos?

Assim é com vocês, e Eu digo isso como um mandamento: não olhem para trás. Dêem a vocês mesmas e a tudo que já viveram um novo começo a partir de hoje. Lembrem-se: não mais os pecados e falhas do outro nem as suas. As lembranças são uma corrente de desapontamento que atrapalha o nadador.

Quando Eu enviei Meus Discípulos dois a dois, sem crédito, sem muda de roupas, sem dinheiro, tratou-se de uma ordem a ser obedecida literalmente, mas também de modo figurativo. Livrem-se de tudo que não é importante na jornada da Vida. Joguem fora todos os impedimentos, todas as imperfeições dos outros, toda sua sensação de fracasso.

Viagem sem pesos, de coração leve; um coração leve significa muita influência.

Minhas filhas, Eu as amo.

Vozes roucas. 21 de agosto

Eis que faço tudo novo. Apenas o espírito atado à terra não pode alçar vôo. Toda bênção que envio a vocês, toda alegria, toda a liberdade da vitória sobre a pobreza e a preocupação aliviará vocês de um laço que as prende à terra.

São apenas esses vínculos que prendem vocês. Por isso sua liberdade significará a elevação para o reino da Alegria e da Gratidão.

Asas cortadas podem crescer novamente. Vozes roucas recuperam uma força e uma beleza antes desconhecidas. Seu poder de ajudar outras vidas logo trará seu prazer, mesmo quando, de início, a ajuda a vocês mesmas possa parecer demorar demais para trazer-lhes Alegria.

Por mais exaustas, extenuadas e cansadas de sofrer que vocês estejam, Eu digo a vocês: "Eis que faço tudo novo." Essa promessa será cumprida. Eu falo com vocês hoje, Minhas amadas, amorosamente, ao pé de seus ouvidos cansados e exaustos de barulho, assim como tenho falado suavemente, ao longo dos anos.

"Venham a Mim todos os que estais cansados e sobrecarregados e Eu vos aliviarei."

Brilho do sol. 22 de agosto

PORQUE vocês desejaram ardentemente salvar Meu Mundo, deixarei que recebam o treinamento que as capacitará a fazer isso.

Tomem a cada dia suas dores e sofrimentos, dificuldades e misérias e ofereçam-nas por amor a uma alma perturbada ou por alguma oração que precisa especialmente de resposta.

Desse modo, a beleza cotidiana continuará a viver após o problema, o infortúnio, as dificuldades e as dores do dia terem passado.

Aprendam com Minha Vida sobre o sofrimento que salva outros. *Desse modo*, vocês cantarão em meio à sua dor. Até nos dias mais cinzentos vislumbra-se o brilho do Sol.

O cume. 23 de agosto

Não olhem para os pequenos problemas e aborrecimentos de cada hora do dia. Observem o propósito e o plano segundo o qual vocês estão sendo guiadas. Se mantiverem seus olhos em cada local pedregoso ou difícil enquanto escalam uma montanha, concentrando-se somente nisso, como terá sido exaustiva e insensata sua escalada!

Mas, se vocês pensarem que cada passo as leva ao cume da realização, do qual glórias e belezas se abrirão diante de vocês, então sua escalada será muito diferente.

Alturas sublimes. 24 de agosto

*Nosso Senhor, sabemos que és grande
e capaz de nos livrar.*

Eu sou o seu libertador. Confiem totalmente em Mim. Saibam que Eu farei o melhor para vocês. Estejam prontas e dispostas a fazer a Minha Vontade.

Saibam que todas as coisas são possíveis. Apeguem-se alegremente a essa verdade.

Digam muitas vezes: "Todas as coisas são possíveis com Meu Mestre, Meu Senhor, Meu Amigo."

Essa verdade, quando aceita e firmemente acreditada, é a escada para o alto que faz uma alma subir do mais profundo poço à mais sublime altura.

Exaustão. 25 de agosto

Nós Te buscamos como Tu nos ordenaste.

Quando buscarem, vocês acharão. Ninguém jamais buscou Minha Presença em vão. Ninguém nunca buscou Meu Auxílio em vão.

Um sopro de desejo e Meu Espírito está lá, para renovar e reabastecer. Às vezes a exaustão não é sinal de ausência do Espírito, mas de Seu guiar.

Muitas coisas maravilhosas teriam deixado de acontecer não fosse pela exaustão física e mental de Meus servos, que transformou em uma necessidade o descanso isolado e o abandono do trabalho...

Apesar do Meu caminho parecer estreito, ele leva à vida, à vida abundante. Sigam-no. Ele não é tão estreito que Eu não possa percorrê-lo ao seu lado.

Vocês nunca estarão sozinhas com tal amizade. Um amigo infinitamente suave, infinitamente forte, trilhará o caminho com vocês.

Aceitem as adversidades. 26 de agosto

As adversidades e problemas podem parecer esmagadores, mas podem apenas colaborar com o cumprimento de Minha Vontade, dessa Vontade que vocês disseram ser a sua.

Será que não vêem que vocês não podem ser destruídas? A partir de agora, uma nova Vida se abre diante de vocês. Cabe a vocês entrarem no Reino que preparei em sua intenção.

A luz do sol de Minha Presença está em seus caminhos. Confiem e avancem sem medo. Minha Graça basta a todas as suas necessidades.

Novelos emaranhados. 27 de agosto

Na tranqüilidade e na confiança estará sua força.
— Isaías 30:15.

SINTAM isso... confiem em Mim. Será que não as estou guiando com segurança e fidelidade? Será que podem acreditar em Mim, seu Mestre, quando afirmo que tudo isso está realmente trazendo a resposta a suas orações?

Lembrem-se de que Eu sou o Ser Supremo que conhece tudo e pode tudo controlar.

Coloquem diretamente em Minhas Mãos os seus problemas, sua confusão, suas dificuldades, e Eu começarei a efetuar a cura de toda desarmonia e desordem.

Saibam que Eu não lhes causarei mais dor no processo do que aquela de um médico que planeja e sabe que pode curar. Eu farei tudo tão suavemente quanto possível.

Digam-Me que confiam em Mim nessa questão.

Serviço contínuo. 28 de agosto

O SERVIÇO é a Lei do Céu. Meus anjos sempre obedecem a ela. "Eles O servem continuamente" é algo que pode ser dito de todos os que Me amam.

O Amor serve continuamente em toda atividade, até mesmo no descanso.

Não considerem esse acontecimento como o final, mas como o início de uma Nova Vida consagrada a Meu Serviço.

Uma Vida de Poder e Alegria.

Pronunciem meu Nome
a cada respiração. 29 de agosto

APENAS pronunciem Meu Nome a cada respiração. É como a pressão da mão de uma criança que pede outra pressão em resposta, aquela que fortalece sua confiança e afasta o medo.

Dêem, dêem, dêem. 30 de agosto

DÊEM abundantemente. Sintam-se ricas.
Não tenham nenhum pensamento mesquinho em seu coração.

Amor, pensamentos, dêem tudo que tiverem, dêem, dêem, dêem.

Vocês são seguidoras do Maior Doador do Universo. Dêem de seu tempo, de seu bem-estar e conforto pessoal, de seu descanso, de sua fama, cura, poder, simpatia, de tudo isso e muito mais.

Aprendam essa lição, e receberão grande poder para ajudar outros e para realizar coisas grandiosas.

Orem e neguem. 31 de agosto

*Mas esta casta não se expele senão
por meio de oração e jejum.*
— Mateus 17:21.

VOCÊS devem viver uma vida de comunhão e oração se quiserem salvar a outros.

Tomem Minhas palavras como um mandamento. "À força de oração e jejum."

Orem e neguem a vocês mesmas, como Eu ordenei. "À força de oração e jejum."

Orem e neguem a vocês mesmas, e vocês serão maravilhosamente usadas para salvar e ajudar outras pessoas.

SETEMBRO

Como vocês são ricas.   **1º de setembro**

Eu nunca te deixarei, jamais te abandonarei.
— Hebreus 13:5.

MINHAS filhas, essa palavra é uma verdade infalível. Ao longo dos séculos, milhares têm provado Minha constância, Minha obra incansável e meu Amor infalível. "Nunca deixarei." "Nunca abandonarei." Essas frases não falam apenas de uma Presença, mas de Meu Amor que nunca as deixará, de Minha Compreensão que nunca as deixará, de Minha força que nunca as deixará. Pensem em tudo que Eu sou:

Amor — então tenham a certeza eterna do Amor.

Força — então, para sempre, a cada dificuldade ou perigo, tenham certeza da força.

Paciência — pois sempre há Um que nunca se cansa.

Compreensão — porque vocês sempre serão compreendidas.

Como podem temer o futuro quando ele trará tantas coisas boas para vocês? Amadas, "pensai nas coisas lá do alto" (as coisas mais elevadas, espirituais), "e não nas coisas da terra" (as coisas inferiores e materiais) e verão como são ricas.

Eu proverei com certeza.   2 de setembro

Eu sou o seu Senhor. Isso basta para que Eu possa exigir seu serviço obediente e sua lealdade, mas sou obrigado, pelo Meu Senhorio, a oferecer proteção a vocês.

Sou obrigado a lutar por vocês, a planejar por vocês, a assegurar a vocês suprimento de tudo que seja do Meu Alcance. Pensem em como essa provisão pode ser grande. Nunca duvidem.

Maravilhas estão se revelando, maravilhas além de seus sonhos. Elas apenas necessitam do regar de um espírito agradecido e de um coração amoroso para produzirem abundantemente.

Vivam no invisível.   3 de setembro

Ó Senhor, o Deus dos perplexos e exaustos,
vem salvar-nos.

Eu sou o seu Salvador. Não apenas do peso do pecado, mas também da miséria, da depressão, da necessidade, do infortúnio, da fraqueza e da dor. Eu sou seu Salvador.

Lembrem-se de que vocês estão vivendo realmente no Invisível, que é a Vida Verdadeira.

Ergam suas cabeças acima dos problemas terrenos e olhem para as glórias do Reino. Cada vez mais alto, cada dia, vejam mais do Céu. Falem Comigo. Anseiem por Mim. Descansem em Mim. Permaneçam em Mim. Parem de Me trazer suas cargas e depois, com agitação, colocarem-nas novamente sobre suas costas e jogarem-se ao mar com elas.

Não! *Permaneçam* em Mim. Não percam nem por um momento a consciência de Minha Força e Proteção.

Como uma criança nos braços da mãe, fiquem abrigadas e tranqüilas.

Deixem cair suas cargas.   **4 de setembro**

Nosso Deus é nossa provisão.

BUSQUEM-ME em tudo... Confiem em Mim em tudo. Deixem cair suas cargas e então, cantando livres, vocês poderão seguir seu próprio caminho de júbilo. Sobrecarregadas com elas, vocês cairão.

Deixem-nas aos Meus Pés, na certeza de que Eu as erguerei e lidarei com cada uma da melhor forma possível.

Progresso.   **5 de setembro**

O PROGRESSO é a Lei dos Céus: Mais alto, sempre mais alto, ergam-se à Vida e Beleza, ao Conhecimento e Poder. Cada vez mais alto.

Amanhã, sejam mais fortes, corajosas e amorosas do que foram hoje.

A Lei do Progresso dá significado e propósito à vida.

Seus amados. 6 de setembro

Seus amados estão muito seguros sob Meus Cuidados. Aprendendo, amando e trabalhando, a vida deles é uma vida de alegria e progresso. Eles vivem para servir, e servem verdadeiramente. Eles Me servem e servem a quem amam. Servem continuamente.

Vocês não vêem, no entanto, suas muitas e variadas ministrações, assim como aqueles que em meu tempo em forma humana na terra não poderiam ter visto os anjos que ministravam a Mim no deserto.

Quantas vezes os mortais acorrem a amigos terrenos que os podem servir apenas de modo tão restrito, quando os outros, livres da limitação da humanidade, podem servi-los muito melhor, compreendê-los melhor, protegê-los melhor, planejar melhor e até mesmo advogar melhor sua causa Comigo.

Vocês fazem bem em se lembrar de seus amigos do Invisível. Tornando-se seus companheiros, quanto mais vocês viverem nesse Mundo Invisível, mais suave será sua passagem, quando ela acontecer. Os problemas e dificuldades da vida parecerão, mesmo agora, menos pesados se vocês olharem, não para as coisas visíveis, mas para a vida real, a Vida Eterna.

"E essa é a Vida Eterna, que conheçamos a Ti, o único Deus Verdadeiro, e Jesus Cristo, a Quem Tu enviaste."

Quando vocês aprenderem a Me conhecer, serão capazes de atrair Meu Reino para bem perto de vocês, e, através de Mim e do Conhecimento de Mim, os queridos seres que ali se encontram se tornarão *muito* próximos e amados.

Braços eternos. 7 de setembro

"O Deus Eterno é a tua habitação, e por baixo de ti, estende os braços eternos; ele expulsou o inimigo diante de ti, e disse: Destrói-o."

— Deuteronômio 33:27.

BRAÇOS, braços protetores, expressam o carinho amoroso de seu Pai (Meu Pai) nos Céus. O homem, em seus problemas e dificuldades, precisa antes de tudo de um refúgio, de um lugar para se esconder, de um local onde nada nem ninguém possa tocá-lo.

Digam a vocês mesmas: "Ele é o nosso Refúgio." Digam-no até que essa verdade esteja gravada em sua própria alma. Repitam até que vocês o saibam; que tenham tanta certeza disso que nada mais temam.

Sintam isso, não somente até todo medo desaparecer, mas até que a Alegria se espalhe por todo esse lugar. Refúgio. Braços eternos e incansáveis, tão seguros, tão firmes.

Caminhem em amor. 8 de setembro

QUANDO a provisão parecer falhar, saibam que isso *não* é verdade. Ao mesmo tempo, olhem em volta e vejam o que podem dar aos outros. Dêem alguma coisa.

Sempre há uma estagnação, um bloqueio, quando o suprimento parece faltar. O ato de dar desfaz esse bloqueio e faz com que o Espírito de Meu Suprimento flua livremente.

A consciência de Minha Presença em forma de Amor torna a vida inteira diferente. Quando vocês tomam consciência de Mim, abrem toda sua natureza a Mim. Essa abertura traz alívio, e o alívio traz Paz. A Paz, por sua vez, traz Alegria. A "Paz que excede todo entendimento" e a "Alegria que ninguém pode lhes tirar".

Além de todas as palavras está Meu Amor e Cuidado por vocês. Tenham certeza dele. Rejubilem-se nele. *Caminhem em Meu Amor*. Essas palavras são muito importantes. Há uma alegria, um vigor, uma satisfação na caminhada daqueles que andam no Meu Amor. Essa jornada se transforma em uma conquista feliz e em uma marcha triunfante. Então caminhem.

Cultivem-se. 9 de setembro

Em Tua Força vencemos.

SIM! Seu Poder vencedor vem de Mim. Não pode haver derrota Comigo. Eu sou o segredo do sucesso na vida.

Vocês querem tirar o melhor dela? Vivam então bem próximos a Mim, do Mestre e Doador de toda Vida.

Sua recompensa é certa. Será um perfeito sucesso, mas o *Meu* sucesso.

Às vezes o sucesso de almas conquistadas, às vezes o sucesso da enfermidade curada e de demônios expulsos. Às vezes o sucesso de um sacrifício consumado no Calvário. Às vezes o sucesso de alguém que nunca respondeu uma palavra diante do desprezo, da tortura e dos gritos de zombaria de Seus inimigos, ou o sucesso do Salvador Ressuscitado enquanto Ele caminhava pelo Jardim de José de Arimatéia naquela primeira manhã de Páscoa.

Mas esse é o *Meu* sucesso. O mundo pode julgar vocês derrotadas. O mundo não julga como Eu.

Dobrem seus joelhos, maravilhadas, diante de Minha revelação. A Alegria de ver as Verdades Espirituais é enorme, quando os Céus se abrem e a Voz fala apenas aos corações fiéis e amorosos.

Lembrem-se de que seu maior campo de trabalho são vocês mesmas. Essa é sua primeira tarefa, a de limpar as ervas daninhas, de plantar, cavar, podar, produzir fruto. Quando isso for concluído, Eu as levarei para outros campos.

Deus ou Mamon? 10 de setembro

ESTEJAM prontas a se separarem do mundo. Querem, além da plena e completa satisfação que encontrarão em Mim, também a do mundo? Então estão tentando servir a Deus e a Mamon, ou pelo menos reivindicando os salários de Deus e Mamon.

Se trabalharem para Mim, receberão suas recompensas, mas então se voltam para o mundo, para os seres humanos, e também esperam pagamento. Isso não está certo.

Não esperem amor, gratidão ou reconhecimento de qualquer pessoa. Eu darei a vocês toda recompensa de que precisarem.

Um coração generoso. 11 de setembro

Eu vim para que tenham vida
e a tenham em abundância.
— João 10:10.

SIM, Eu, seu Mestre, sou um Doador generoso. Dou a vocês Vida Abundante, em medida transbordante, Vida que pulsa através de todo seu ser, que anima seu corpo e sua mente.

Um Doador generoso. Um Doador Real. Eu vim para que o homem viva em Mim. Foi dessa Vida que falei quando disse: "Eu sou a videira, e vós os ramos." O fluxo de vida da Videira está nos ramos.

Nossas vidas são uma só — as suas e a Minha. Tudo que está em Minha Natureza deve por isso passar para a sua, pois estamos tão próximos como se fôssemos um só.

Eu sou Amor, Alegria, Paz, Força, Poder, Cura, Humildade e Paciência, e todo o mais que vocês vêem em Mim, seu Senhor. Vocês então também precisam ter tudo isso, já que Minha Vida flui através de vocês. Tomem coragem.

Vocês não se tornam amorosas, fortes, pacientes e humildes. Quem realiza essa transformação milagrosa é Minha Vida em vocês.

Valores materiais. 12 de setembro

Buscai, pois, em primeiro lugar, o Seu reino e a Sua justiça,
e todas estas coisas vos serão acrescentadas.
— Mateus 6:33.

São os olhos a lâmpada do corpo. Se os teus olhos
forem bons, todo o teu corpo será luminoso.
— Mateus 6:22.

Os olhos da alma são a vontade. Se seu único desejo for Meu Reino, encontrar esse Reino e servir a esse

Reino, então verdadeiramente todo seu corpo será cheio de luz.

Quando digo a vocês que busquem o Reino de Deus, o primeiro passo é ter certeza de que sua vontade é realmente esse Reino. Olhar somente para a Glória de Deus. Não desejar nada a não ser que Seu Reino venha. Buscar em todas as coisas o avanço de Seu Reino.

Não conheçam valores além dos Espirituais. Não tirem vantagem a não ser a Espiritual. Busquem Seu Reino em *primeiro lugar* em todas as coisas.

Busquem apenas as vantagens materiais quando elas significarem benefício para Meu Reino. Afastem-se de todos os valores materiais. Caminhem Comigo. Aprendam de Mim. Falem Comigo. Nisso reside toda verdadeira felicidade.

Nenhum outro nome. 13 de setembro

MEU Nome é o Poder que afasta o mal, que convoca todo bem em seu auxílio. Os Espíritos Maus fogem ao som de "Jesus". Pronunciado em medo, na fraqueza ou na dor, é um apelo ao qual Eu nunca deixo de responder. "Jesus".

Usem freqüentemente o Meu Nome. Pensem nos filhos chamando constantemente "Mãe". Quando precisam de ajuda, cuidado, decisões, apelos, "Mãe". Usem Meu

Nome do mesmo modo: simples, natural e insistentemente. "Jesus."

Não o usem somente quando precisarem de auxílio, mas também para expressar Amor. Pronunciado em voz alta ou no silêncio de seus corações, ele transformará uma atmosfera de discórdia em Amor e elevará os padrões de linguagem e pensamento. "Jesus."

"Porque debaixo do céu nenhum outro nome há, dado entre os homens, em que devamos ser salvos."

Quando a fé falha.   **14 de setembro**

Senhor, Eu creio!
Ajuda-me na minha falta de fé.
— Marcos 9:24.

Esse clamor do coração humano expressa tão bem sua necessidade quanto o fazia quando foi dirigido a mim quando Eu estava na terra. Ele expressa o progresso da alma.

À medida que uma alma se conscientiza de Mim e de Meu Poder, e Me conhece como Auxiliador e Salvador, aquela alma crê em Mim mais e mais. Ao mesmo tempo, está mais consciente do que antes de sua falha em confiar absolutamente em Mim.

"Senhor, eu creio. Ajuda-me na minha falta de fé."
Esse é progresso da alma: uma crença cada vez maior e então uma súplica por mais fé, um apelo para vencer toda falta de fé, toda falta de confiança.

Aquele clamor ouvido. Aquela oração respondida. Mais fé, e ao mesmo tempo mais poder para descobrir onde a confiança é insuficiente.

Minhas filhas, busquem crescer no caminho que as leva cada vez mais para perto de Mim.

Força tranqüila. 15 de setembro

D ESCANSEM em Mim. Quando a natureza cansada se rebela, está pedindo por descanso. Descansem então até que Meu Poder de Vida flua através de vocês.

Não temam o futuro. Estejam tranqüilas, aquietem-se e sua força crescerá e será mantida por meio dessa própria tranqüilidade.

O mundo vê força na ação. Em Meu Reino, todos sabem que ela reside na tranqüilidade. "Em vos aquietardes e sossegardes estará a vossa força."

Que promessa! Que glorioso cumprimento! A força da Paz e a Paz da Força. Descansem em Mim. Alegrem-se em Mim.

Segurança. 16 de setembro

O efeito da justiça será paz,
e o fruto da justiça, sossego e
segurança, para sempre.
— Isaías 32:17.

A MINHA paz é que dá sossego e segurança para sempre. A Minha Paz é que flui como um rio calmo através da terra seca da vida e que faz com que suas árvores e frutos nasçam e produzam abundantemente.

O sucesso é o resultado da obra feita em paz. Somente assim ela poderá produzir crescimento. Não se apressem em seus projetos. Vocês não estão vivendo na dimensão do tempo, mas na eternidade, e é no invisível que sua vida futura está sendo planejada.

Permaneçam em Mim, e Eu permanecerei em vós, de modo que vocês possam produzir muito fruto. Sintam-se calmas, seguras, descansadas. Amem e não se apressem. Paz, e não inquietação. Nada de ansiedade. Sejam eficientes. Plantadas em Oração, regadas pela Confiança, produzindo flores e frutos em Alegria. Eu amo vocês.

Passos vacilantes. 17 de setembro

*Mostra-me Teu caminho, Ó Senhor, e faze-nos
caminhar em Tuas veredas.*

Vocês estão fazendo isso. Esse é o caminho. O caminho do futuro incerto e dos passos vacilantes. Esse é Meu Caminho...

Afastem todo medo do futuro. Saibam que Eu as guiarei. *Saibam* que serão orientadas. Eu prometi.

Permaneçam ali. 18 de setembro

*Aquele que habita no esconderijo do Altíssimo,
à sombra do Onipotente descansará.*
— Salmo 91:1.

Escondidas em um lugar seguro, conhecido somente por Deus e por vocês mesmas. Tão secreto que nenhum poder na terra poderia nem mesmo *encontrá-lo*.

Minhas filhas amadas, vocês devem *permanecer* ali. Não como numa visita apressada, mas uma verdadeira moradia. Façam desse lugar sua casa, seu local de habitação.

Minha Sombra descansará sobre esse lar para torná-lo duplamente seguro e secreto. Essa Sombra repousa sobre vocês como as asas da mãe-passarinho que choca seus filhotes. Sintam-se extremamente seguras ali.

Quando o medo as assaltar e os cuidados as perturbarem, é porque vocês terão se aventurado para fora dessa Sombra protetora. A *única* coisa a fazer então é engatinhar de volta para dentro do abrigo. Descansem assim.

Alegria completa. 19 de setembro

> *Tenho-vos dito estas coisas para que o meu gozo*
> *esteja em vós, e o vosso gozo seja completo.*
> — João 15:11.

LEMBREM-SE de que as Verdades que Eu ensino a vocês foram todas dadas a vocês (como a Meus discípulos de antigamente) com o objetivo de que recebessem Alegria transbordante...

Busquem a Alegria na vida. Persigam-na como a um tesouro escondido. Amem e Riam. *Deleitem-se* no Senhor.

Alegrem-se em Mim. Eu desejei que Meus discípulos tivessem Alegria Completa. Eu a planejei para eles. Se eles tivessem vivido Meus Ensinamentos em sua vida diária, teriam tido a Plenitude da Alegria.

Provem e confiem.   20 de setembro

Oh! Provai e vede que o Senhor é bom.
— Salmo 34:8.

ELE é bom. Confiem Nele. Saibam que está tudo bem. Digam: "Deus é bom. Deus é bom." Apenas deixem presente e futuro em Suas mãos, pois tudo que precisam saber é que Ele é bom. Ele pode tirar ordem do caos, bem do mal, paz do tumulto. Deus é bom.

Eu e Meu Pai somos um. Um, no desejo de fazer o bem, pois para Deus, fazer o bem para seus filhos é compartilhar Sua Bondade com eles. Deus é bom e está ansioso por compartilhar Sua bondade e bênçãos com vocês. E Ele *fará* isso.

Confiem e não temam.

Olhem para o Pai.   21 de setembro

Senhor, mostra-nos o Pai, e isso nos basta.
— João 14:8.

MINHAS filhas, apesar de Eu ter estado há tanto tempo com vocês, ter vindo até vocês, falado com vocês, ainda assim vocês não conhecem o Pai.

Seu Pai é o Deus e Dominador de um Universo grandioso, mas Eu sou semelhante a Ele; todo o Amor, a Força e a Beleza que vocês viram em Mim estão em Meu Pai.

Quando vocês o virem e conhecerem a Ele e a Mim como somos realmente, então bastará a vocês — será verdadeiramente suficiente a vocês, completará suas vidas e as satisfará totalmente, pois é tudo de que precisam.

Olhem para o Pai, olhem para Mim e isso bastará. Esse é o Amor abundante. A Alegria abundante. Tudo de que vocês precisam.

Tributo de alegria. **22 de setembro**

Jesus, Nosso Senhor, nós Te adoramos.

CANTEM para Mim com o coração satisfeito. Cantem e Louvem Meu Santo Nome. Esse é o tributo do homem a Mim. Enquanto vocês louvarem, ondas de alegria passarão por todo seu ser e vocês aprenderão algo sobre o júbilo das Hostes Celestes.

Voltem-se para Mim. **23 de setembro**

Chegai-vos a Deus, e Ele se chegará a vós outros.
— Tiago 4:8.

ESSA é uma lei espiritual. Vocês devem se voltar para Mim antes mesmo de estarem conscientes de Minha proximidade. Cultivem o hábito de se voltarem para mim em todas as circunstâncias. Voltem-se em momentos de alegre gratidão e em momentos de súplica fraquejante.

A verdade maravilhosa é que nada mais é necessário, a não ser esse apelo mudo. Vocês não precisam declarar seus desejos em alta voz, não precisam mendigar nem trazer ofertas. Como é maravilhoso sentir que podem simplesmente clamar por auxílio e, muito rapidamente, muito amorosamente, ele chega; não somente ele, mas também o consolo e a alegria da Proximidade e da Amizade Divina. Uma proximidade que traz doçura, confiança e paz à vida.

Nunca temam, nunca percam a coragem. Aproximem-se de Mim, e nessa proximidade vocês encontrarão tudo de que precisam. Apenas a Minha Presença pode transformar circunstâncias e vidas, e trazer Harmonia, Beleza, Paz e Amor.

Aprendam de Mim. 24 de setembro

Senhor, para quem iremos?
Tu tens as palavras da vida eterna.
— João 6:68.

APRENDAM apenas de Mim. Os Mestres terrenos devem apenas apontar o caminho que vem até Mim. Depois disso, aceitem a Mim, o Grande Mestre.

As palavras de Vida Eterna são todas aquelas que controlam seu ser e até mesmo sua vida temporal. Aceitem-nas também de Mim. Não temam. Permaneçam em Mim e aceitem Minha autoridade.

Sejam plenamente agradecidas. Dêem às suas orações as asas do Louvor, para que voem até os Céus. Considerem tudo que acontece como plano Meu. Está tudo bem. Meu Amor já tem tudo preparado. Que seu coração cante.

Venham e fiquem. 25 de setembro

Vinde a Mim todos os que estais cansados sob o peso do vosso fardo e Eu vos darei descanso.
— Mateus 11:28.

SIM, venham descansar. Mas fiquem para o descanso também. Parem com toda pressa febril e fiquem calmas e imperturbáveis. Venham a Mim, não somente para obterem resposta a seus pedidos, mas também para se aproximarem de Mim.

Tenham certeza do Meu Auxílio, conscientizem-se de Minha Presença e esperem até que Meu Descanso encha sua alma.

O Descanso não conhece o medo. O Descanso desconhece a miséria. O Descanso é forte e seguro. Esse é o Descanso das clareiras suaves e dos rios cujas águas fluem tranqüilamente, das montanhas fortes e imutáveis.

Descansem, pois tudo que precisam fazer para conquistarem esse descanso é virem até Mim. Venham assim.

Sirvam a todos. 26 de setembro

Eu estou no meio de vós como aquele que serve.

SIM! Lembrem-se de servir a todos. Estejam dispostas a provar sua Filiação pelo serviço. Considerem todos os que vocês encontrarem hóspedes da Casa de seu Pai, que devem ser tratados com Amor, com toda consideração, com gentileza.

Como servas de todos, não considerem nenhum trabalho degradante. Estejam sempre prontas a fazer tudo que puderem pelos outros. Sirvam. Sirvam. Sirvam.

Há alegria no serviço, uma Alegria em concretizar a Minha Vontade em outras vidas, em ser a Minha expressão de todo bem para elas.

Lembrem-se de que, quando servem aos outros, vocês estão representando seu Mestre e Senhor, que lavou os pés dos discípulos. No serviço aos outros, vocês expressam seu Amor a Mim.

Restrição divina. 27 de setembro

ESTARÁ Minha mão encolhida, para que Eu não possa salvar? Não! Meu poder salvador aumenta na proporção de sua capacidade em entender Minha Salvação. Então, de Força em Força, de Poder em Poder, caminhamos em União.

Meu Poder de operação de milagres é ilimitado no Universo, apesar de ter restrições em cada indivíduo, definidas apenas por sua falta de visão. Não há limite para Meu Poder de salvação. Também não há restrições em Meu desejo ardente de salvar. Minha Mão não está encolhida, mas "estendida", desejando e esperando que Lhe permitam abençoar, ajudar e salvar.

Pensem na gentileza com que respeito o direito de cada alma. Nunca imponho a ela Meu Auxílio nem Minha Salvação. Talvez esse seja o mais doloroso de todos os Meus sofrimentos pela humanidade, o de controlar a Impaciência Divina e Meu desejo de ajudar até que a súplica da alma Me dê o direito de agir.

Pensem no Amor demonstrado nesse fato. Consolem Meu coração que espera, ama e deseja, clamando por Meu Auxílio, Direção e Poder Milagroso.

O caminho secreto.   28 de setembro

Deixa estar por enquanto, pois assim nos convém cumprir toda a justiça.
— Mateus 3:15.

Eu estabeleci Minha missão trienal na terra com base na aceitação da dificuldade e disciplina da vida, para poder compartilhar da vida humana com meus seguidores de todas as épocas.

Muito do que vocês duas devem aceitar na vida não deve ser aprovado por ser pessoalmente necessário, mas, como Eu fiz, para dar o exemplo, para compartilhar dos sofrimentos e das dificuldades humanas.

Nesse caso, "compartilhar" significa "salvar". E aí, também, para vocês duas... o mesmo deve valer, como vale para Mim. "Ele salvou a outros. Que se salve a Si mesmo..."

Amadas, vocês foram chamadas a salvar e a compartilhar de modo muito especial. O caminho da dor, se trilhado Comigo, o Homem de Dores, é sagrado e secreto aos Meus mais próximos e queridos, àqueles cujo único desejo é fazer tudo para Mim, sacrificar tudo para Mim, considerar, como disse Meu servo Paulo, "todas as coisas como perda por amor de Cristo".

No entanto, por mais doloroso que esse Caminho possa parecer aos que o observam apenas de longe, ele possui suaves luzes e sombras repousantes que nenhuma outra caminhada na vida pode oferecer.

Eu toco em seu braço.   **29 de setembro**

Teu toque ainda tem o mesmo Poder de antigamente.

SIM! Quando vocês se aquietam diante de Mim, Eu coloco Minha Mão sobre suas cabeças e o Espírito

Divino flui para o seu interior através desse toque curador e poderoso. Esperem em silêncio diante de Mim para sentirem isso.

Quando vocês Me buscam para orientação, Minha Mão se coloca sobre seus braços em um toque gentil que mostra o caminho. Quando em momentos de fraqueza mental, física ou espiritual vocês clamam a Mim por cura, Meu Toque traz Força e Saúde, o renovo de sua juventude, o poder de escalar montanhas e de lutar novamente.

Quando vocês desfalecem pelo caminho e com passos trôpegos mostram que a força humana se esgota, o toque de Minha Mão Forte e Solícita as sustenta ao longo do Caminho.

Sim! Minhas Filhas, Meu toque ainda tem o Poder de antigamente, e esse Poder foi prometido a vocês. Então, avancem em direção ao futuro, corajosas e destemidas.

Sabedoria.   **30 de setembro**

Como os teus dias, assim seja tua força.

Eu prometi dar-lhes forças para cada dia que viverem. Não temam.

Enfrentem cada dificuldade na certeza de que a sabedoria e a força para vencê-la serão dadas a vocês. Clamem por elas.

Confiem em Mim, pois manterei Minha Promessa em relação a isso. Em Meu Universo, a cada tarefa que atribuo a Meus filhos, separo todo o necessário para sua realização. Então, por que temer? Por que duvidar?

OUTUBRO

O segredo da prosperidade. 1º de outubro

> *Voltai-vos para Mim e sereis salvos,*
> *todos os confins da terra.*
> — Isaías 45:22.

Não se voltem para nenhuma outra fonte de Salvação. Apenas olhem para Mim. Não vejam nenhum outro suprimento. Olhem para Mim e serão salvas. Considerem-Me como seu único suprimento. Esse é o segredo da sua prosperidade, e vocês, por sua vez, salvarão muitos da pobreza e da miséria.

Qualquer que seja a ameaça de perigo, olhem para Mim... qualquer que seja seu desejo ou carência, ou o desejo e carência de outros, olhem para Mim. Reivindiquem tudo de Meus Armazéns. Clamem, clamem, clamem a Mim.

Lembrem-se de que Eu alimentei os Filhos de Israel com o maná enviado dos Céus. Eu abri caminho através do Mar Vermelho para eles. Eu os levei através do deserto da privação, da dificuldade e da disciplina. Eu os levei para uma terra que emanava leite e mel. Então confiem. Deixem-se guiar desse mesmo modo.

Rejubilem-se. Esses são seus dias de deserto, mas Eu as estou levando para uma Canaã de Abundância em segurança e proteção.

Mansidão Verdadeira. 2 de outubro

Como é fácil orientar vocês e guiar vocês quando obedecem ao Meu desejo! As dores da vida só vêm quando vocês ou aqueles com quem se importam teimam em trilhar seu próprio caminho e em resistir à pressão de Minha Mão.

No entanto, é em desejar a Minha Vontade que vocês encontrarão satisfação. Deleitem-se em fazer a Minha Vontade.

"Os mansos herdarão a terra", Eu disse. Herdar significa dominar as pessoas e as forças materiais da terra.

Esse domínio exultante, no entanto, é o resultado de uma *vontade entregue* a Mim. Esse é o sentido que Eu dou à palavra *mansidão*.

Vivam assim. Cedam assim. Vençam assim.

Segurança bendita. 3 de outubro

O fruto da justiça será a Paz, e a obra da justiça consistirá na tranqüilidade e na segurança para sempre.
— Isaías 32:17.

A QUIETEM-SE e saibam que Eu sou Deus. Somente quando a alma atingir essa calma é que o verdadeiro trabalho poderá ser feito e a mente, alma e corpo se fortalecerão para conquistar e para produzir vida.

A Paz é produto da justiça, de se viver uma vida reta Comigo. O sossego e a segurança são conseqüências disso.

A segurança é a calma nascida da profunda confiança em Mim, em Minha Promessa, em Meu Poder de salvar e guardar. Conquistem essa calma e a todo custo mantenham-na. Descansem em Mim. Calmos, tranqüilos, seguros, em Paz.

Tudo que vocês desejarem.   **4 de outubro**

Ele cresceu diante dele como renovo, como raiz
que brota de uma terra seca; não tinha beleza nem
esplendor que pudesse atrair o nosso olhar,
nem formosura capaz de nos deleitar.
— Isaías 53:2.

MINHAS filhas, nesse versículo Meu servo Isaías falou da maravilhosa iluminação dada a todos os que são guiados pelo Espírito.

A todos os que não Me conhecem, não há nada em Mim que lhes chame a atenção ou que os atraia.

A todos os que Me conhecem, não há nada mais desejável. "Nenhuma beleza víamos, para que o desejássemos."

Oh! Minhas filhas, cheguem bem perto de Mim. Olhem para Mim como sou realmente, pois sempre terão a Alegria de encontrar em Mim tudo que desejarem. A plenitude de tudo que almejarem em um Mestre, Senhor e Amigo.

Nenhum encontro fortuito.   5 de outubro

O Senhor guardará a tua saída e a tua entrada,
desde agora e para sempre.
— Salmo 121:8.

Todos os seus deslocamentos e suas idas e vindas são controlados por Mim. Cada visita é abençoada por mim. Cada caminhada é preparada por Mim. Eu as abençôo em tudo que vocês fazem, em cada conversa.

Seus encontros não são encontros fortuitos, mas foram planejados por Mim. Todos abençoados.

Não somente agora, nos momentos difíceis, mas a partir de agora e para sempre.

Vocês são guiadas pelo Espírito, o que é uma prova de Filiação: "Aqueles que são guiados pelo Espírito de Deus são Filhos de Deus", e, se filhos, então também são herdeiros, herdeiros de Deus.

Que herança maravilhosa! Herdeiros sem perspectiva de serem deserdados. "Herdeiros de Deus e co-herdeiros de Cristo; se é certo que com Ele padecemos, para que também com Ele sejamos glorificados."

Seu sofrimento tem um propósito: é a prova de sua Filiação e leva à perfeição de caráter (a glorificação) e à União Comigo e com Deus também. Pensem nisso e permaneçam no êxtase que essa verdade provoca.

A mão de uma criança. 6 de outubro

Querido Senhor, nos apegamos a Ti.

S IM, apeguem-se e sua fé será recompensada. Vocês não sabem o que significa sentir uma mãozinha confiante na sua, conhecer a confiança de uma criança?

Será que isso não provoca em vocês Amor e desejo de proteger e de cuidar? Pensem no que Meu Coração sente quando vocês, em sua impotência, se voltam para Mim, agarrando-se a Mim e desejando Meu Amor e Proteção.

Vocês decepcionariam aquela criança, imperfeitas e fracas como são? Será que Eu poderia decepcionar vocês? Saibam que isso é impossível. Saibam que está tudo bem. Não duvidem. Tenham certeza. Não há milagre que Eu não possa realizar, nada que Eu não possa fazer. Não há salvação de último minuto que Eu não possa operar.

Alegrem-se na fraqueza. 7 de outubro

Salvador, sopra teu perdão sobre nós.
Tu conheces todas as nossas fraquezas.

SIM! Eu conheço todas as coisas. Cada súplica por misericórdia. Cada olhar exausto. Cada pedido de socorro. Cada dor pelo fracasso. Cada fraqueza.

Eu passo junto com vocês por todas essas coisas. Minha suave misericórdia é sua. Minha força é sua.

Alegrem-se em suas fraquezas, Minhas filhas, pois Minha força é aperfeiçoada na fraqueza. Quando vocês estiverem fracas, aí é que Eu sou forte. Forte para ajudar, para curar, para proteger.

Confiem em Mim, Minhas filhas. Eu sei de *todas* as coisas e estou ao seu lado. Forte, forte, forte para salvar. Apóiem-se em Meu Amor e saibam que está tudo bem.

Os lugares sombrios. 8 de outubro

Jesus, apenas o pensar em Ti
já nos enche de Ternura.

SIM. Amem-Me até que apenas o ato de pensarem em Mim, em Alguém muito próximo e amado, signifique Alegria, êxtase e Felicidade.

Pensar em Mim é o bálsamo para todas as tristezas. Vocês sempre poderão encontrar a cura para todas as enfermidades físicas, mentais e espirituais pensando em Mim e falando de Mim.

Há dúvida e medo em seus Corações? Então pensem em Mim, falem Comigo. Em seu lugar fluirá para o interior de seus corações e corpos uma enorme e doce Alegria, uma Alegria que excede toda felicidade terrena.

Isso é certo. Nunca duvidem. Coragem, coragem, coragem. Não temam nada. Rejubilem-se até mesmo nos lugares mais escuros. Rejubilem-se.

Amem-Me mais. 9 de outubro

Jesus, nosso Senhor, nós Te adoramos.
Oh, faça com que Te amemos mais e mais.

SIM! Eu as atrairei cada vez mais a Mim com laços de Amor. O Amor do pecador pelo Salvador, do resgatado pelo Resgatador, da ovelha pelo Bom Pastor, da criança por seu Pai.

Há muitos laços de Amor que as unem a Mim.

Cada experiência em sua vida, seja de Alegria ou pesar, dificuldade ou sucesso, privação ou prosperidade, perigo ou segurança, cada uma delas traz sua necessidade específica a mim. Cada uma serve de resposta à oração: "Faça com que Te amemos mais e mais."

Trabalho extra. 10 de outubro

*Nosso Senhor e nosso Deus. Transforma nossa pobreza
em abundância. Nossa inquietação em descanso,
nossa dor em Alegria, nossa fraqueza em Poder.*

Eu sou o seu Auxílio. Ao fim de seu caminho atual estão todas essas bênçãos. Então confiem e saibam que Eu estou guiando vocês.

Penetrem em cada dia desconhecido com passos firmes e confiança em Mim. Tomem cada tarefa e cada interrupção como Minha ordem.

Vocês são Minhas servas. Sirvam-me tão simples, animada e prontamente como vocês esperam ser servidas.

Vocês criticam o servo que foge do trabalho extra e que se queixa por precisar interromper uma tarefa para fazer outras menos agradáveis? Vocês se sentem mal servidas por alguém?

E eu, então? Não é assim que vocês tão freqüentemente Me servem? Pensem nisso. Coloquem essa verdade em seu coração e observem seu trabalho diário sob essa luz.

Vergonha e angústia. 11 de outubro

*Bendirei ao Senhor em todo o tempo: o seu louvor
estará sempre nos meus lábios. Busquei o Senhor,*

> *e Ele me acolheu; livrou-me de todos os meus temores.*
> *Contemplai-o e sereis iluminados, e o vosso rosto*
> *jamais sofrerá vexame.*
> — Salmo 34:1,4,5.

VEJAM, Minhas filhas, que até mesmo na angústia o primeiro passo é *Louvar*. Antes de gritar em aflição, bendigam ao Senhor, mesmo quando os problemas parecerem sobrecarregá-las.

Esse é Meu método divino. Observem-no sempre. Nas maiores angústias, procurem até encontrarem uma razão para a gratidão. Então louvem e agradeçam e com isso vocês terão estabelecido uma linha de comunicação entre Mim e vocês. Do outro lado Eu escuto com atenção seu grito de angústia; vocês descobrirão que Eu faço Minha parte e que o livramento é certo. Oh! Que alegria de coração! Vocês sentirão alívio, pois a carga foi lançada para longe porque vocês olharam para Mim.

A vergonha e a angústia também serão tiradas de sobre vocês. Esse é sempre o *segundo* passo. Primeiro, endireitem seus caminhos Comigo, e então serão justificadas aos olhos dos homens.

Vocês são a Minha alegria.   12 de outubro

> *Eram teus, Tu mos confiaste,*
> *e ele tem guardado a tua Palavra.*
> — João 17:6.

Lembrem-se de que, assim como vocês agradecem a Deus por Mim, Eu também Lhe sou grato pelo presente que me deu: vocês. Na hora de Minha agonia na terra, uma nota de Alegria vibrou através da dor: o pensamento nas almas, dadas a Mim por Meu Pai que tinham guardado Minhas Palavras.

Eles ainda não tinham praticado grandes atos, como fizeram depois, por Mim e em Meu Nome. Eram simples praticantes de Minha Palavra, e não somente ouvintes. Eles a cumpriam apenas em suas tarefas e lidares diários.

Vocês também podem dar Alegria ao Meu Coração pelo serviço fiel. Serviço fiel nas pequenas coisas. Sejam fiéis.

Realizem suas simples tarefas para Mim.

O talento do escultor. 13 de outubro

*Senhor, nós cremos, ajuda-nos em nossa incredulidade.
Senhor, ouve nossas orações e permite que nossos
clamores cheguem até Ti.*

Caminhem pela estrada do louvor, como Eu já disse a vocês. Sim! Eu certamente as ajudarei em sua incredulidade, e, em resposta às suas orações, darei a vocês uma fé tão grande e crescente que cada dia vocês olharão para trás de um ponto onde terão visão mais ampla e considerarão a fé do dia anterior uma enorme incredulidade.

A Beleza do Meu Reino é o seu crescimento. Nesse Reino sempre há progresso, de força em força, de glória em glória. Estejam em Meu Reino, pertençam a Meu Reino e não haverá estagnação em suas vidas. Vida Eterna e abundante é prometida a todos os que habitam Nele e que pertencem a Ele.

Não percam tempo pensando em suas falhas e imperfeições. Contem as lições aprendidas com elas, mas como se conta os degraus em uma escada. Dêem um passo para o alto e afastem todo pensamento relacionado à fabricação daquele degrau. Produzido a partir da alegria ou da dor, do fracasso ou do sucesso, das feridas ou do bálsamo curativo, o que importa, Minhas filhas, desde que tenha servido a seu propósito?

Aprendam outra lição. O Escultor que encontra um mármore imperfeito o deixa de lado. E porque não está sendo trabalhada, a pedra pode se ver como perfeita e olhar com desprezo para o mármore que o Escultor está talhando e formando à perfeição. Aprendam com isso uma lição para suas vidas.

O sacrifício. 14 de outubro

Eis o Cordeiro de Deus, que tira o pecado do mundo!
— João 1:29.

"CRISTO, a nossa Páscoa, foi sacrificado por nós." Eu sou o Cordeiro de Deus. Lancem sobre Mim seus pecados, falhas, imperfeições. Meu sacrifício já expiou tudo. Eu sou o mediador entre Deus e Homem, o homem Jesus Cristo.

Não fiquem pensando no passado. Assim vocês invalidarão Meu sacrifício.

Não! Percebam que em Mim vocês têm tudo: perdão completo, amizade completa e cura completa.

Sintam-se completas. 15 de outubro

VIVAM em Meu Esconderijo e lá terão satisfação perfeita. Vocês devem se sentir plenas. Os armazéns de Deus estão transbordando, mas vocês devem ver essa abundância em suas mentes.

Tenham certeza dessa verdade antes de poderem percebê-la em sua forma material.

Pensem pensamentos de abundância. Vejam-se como Filhas do Rei. Eu já disse isso a vocês. Desejem abundância para vocês mesmas e para todos aqueles que vocês amam e desejam ajudar.

O Deus prisioneiro.　　　　　　16 de outubro

*Nosso Senhor, nós Te louvamos e bendizemos
Teu Nome para sempre.*

SIM! Louvem. No instante em que louvam, mesmo em meio ao momento mais difícil, seu sofrimento é transformado em Alegria, sua contrariedade em louvor e as circunstâncias externas se transformam, passando de desordem a ordem e de caos a tranqüilidade.

O começo de toda mudança deve acontecer dentro de vocês mesmas. Por mais contrárias que sejam as circunstâncias, por menos que esteja a seu alcance resolver os problemas financeiros, vocês sempre podem se voltar para dentro de vocês mesmas e, descobrindo algo fora de ordem ali, buscar corrigir-se.

Então, já que toda reforma começa de dentro para fora, vocês descobrirão que o exterior também terá melhorado. Fazer isso é libertar o Poder de Deus aprisionado dentro de vocês.

E esse Poder, uma vez operante, imediatamente realizará milagres. Então verdadeiramente seu lamento será transformado em Cântico.

A visão da fé.   17 de outubro

VOLTEM seus olhos para Mim e Me contemplem. Desviem-nos de ambientes sórdidos, da ausência de beleza, das imperfeições em vocês mesmas e naqueles que estão à sua volta e então vocês, que tiverem a visão da fé, verão em Mim tudo que podem desejar e que realmente desejam.

Quando estiverem inquietas, contemplem a Minha calma, o Meu descanso. Impacientes, Minha paciência infalível. Em sua carência e limitações, a Minha Perfeição.

Olhando para Mim, vocês crescerão à Minha semelhança, até que os homens também digam que vocês estiveram com Jesus.

À medida que vocês crescerem à Minha semelhança, receberão poder para fazerem as coisas que Eu faço e obras maiores ainda farão, porque Eu vou para Meu Pai.

Daquele lugar eterno que não sofre limitações humanas, Eu posso conceder a vocês todo o Poder de seu Divino Irmão e Aliado. Poder de vencer e operar milagres.

Solidão.   18 de outubro

Então, deixando-O, todos fugiram.
— Marcos 14:50.

Ao longo dos séculos, todos os simples atos de firme devoção, de obediência nas dificuldades e de serviço amoroso são considerados por Mim como expiação pela solidão que sofri com essa deserção quando em forma humana.

Ainda assim, como poderia Eu, que tinha percebido completamente o desejo do Pai de salvar, a rejeição que Ele sofria da parte dos homens e a má compreensão que tinham de Sua mente e propósito, achar que não deveria também conhecer essa deserção?

Aprendam, Minhas filhas, com essas duas lições. Aprendam primeiro que Eu sei o que significa solidão e deserção e abandono. Aprendam que cada ato de fé seu é um consolo para Meu Coração. Aprendam também que foi a esses desertores que Eu dei a tarefa de levar Minha Mensagem à humanidade. A esses desertores, esses covardes, Eu dei Meu Poder de curar e de renascer para a vida.

Eu não uso o sucesso terreno para a grande obra de Meu Reino. "Então, deixando-o, todos fugiram." Tenham certeza de Minha terna compreensão e perdoem a fragilidade humana. O homem não aprende a verdadeira humildade até ter falhado. E é somente o humilde que herdará a terra.

Ouçam Minha resposta.   19 de outubro

*Senhor, ouve nossa oração,
e que nosso clamor chegue até Ti*

O CLAMOR da alma humana nunca deixa de ser ouvido. Na verdade, não é Deus que deixa de ouvi-lo, mas é o homem que não atenta para a resposta.

Como peças de uma máquina, feitas para encaixarem-se umas nas outras e funcionarem em perfeita harmonia, assim é o clamor humano e a resposta Divina.

O homem, no entanto, considera seu clamor algo solitário, que será ouvido ou não conforme o capricho de Deus, e deixa de perceber que a resposta já existia desde a eternidade e apenas esperava pelo clamor. Somente a incapacidade do homem em ouvir com atenção é que fez com que ele não tivesse consciência da resposta e não fosse salvo e auxiliado por ela.

Livres de cargas incômodas.   20 de outubro

*Nosso Senhor e nosso Deus.
Que nos seja feito segundo Tua Palavra.*

A SIMPLES aceitação de Minha Vontade é a Chave para a Divina Revelação e resultará em Santidade e Felicidade. O caminho para a Cruz pode ser uma senda de tristeza, mas aos seus pés é finalmente removido o peso do pecado e do desejo terreno.

O jugo da aceitação da Vontade de Meu Pai em todas as coisas é ajustado aos ombros de Meus servos, e a partir daquele momento nenhuma carga é incômoda ou apertada demais.

Aceitem e recebam Minha Vontade com alegria, não somente nas grandes decisões da vida, mas tentem ver em cada interrupção, cada tarefa, por menor que seja, a mesma concretização da intenção Divina.

Aceitem-nas e agradeçam por elas. Façam isso até que se torne um hábito, e a Alegria resultante transfigurará e transformará suas vidas.

Um banquete de amor.   21 de outubro

Eis que estou à porta e bato; se alguém ouvir a Minha voz e abrir a porta, entrarei em sua casa e cearei com ele, e ele, Comigo.
— Apocalipse. 3:20.

VEJAM, Minhas filhas, o fato de Eu bater na porta não depende de qualquer mérito seu, apesar de ser a resposta ao desejo do seu coração por Mim.

Mantenham seus ouvidos abertos: "Se alguém ouvir Minha Voz." Novamente, nenhum mérito seu, mas apenas um ouvido atento que capta Minha voz e ouve o som de meu suave bater.

Então ouçam: "Se alguém ouvir a Minha voz e abrir a porta, entrarei em sua casa e cearei com ele, e ele, Comigo."

Que banquete! Vocês já pensaram na Alegria que deve ter sido estar presente na Festa de Casamento de Caná na Galiléia, ou ser um de meus discípulos no Quarto Superior, compartilhando Comigo na Última Ceia, ou um dos dois em Emaús, ou ainda um dos poucos para quem Eu preparei aquele banquete à borda do lago?

Mas oh! Em cada um desses banquetes, por mais que fossem preparados por Deus, vocês não teriam conhecido o êxtase que podem viver quando ouvem o bater e a Voz, e, abrindo, me dão boas-vindas ao Banquete que Me prepararam.

Um banquete de doce amizade, de Sustento Divino, verdadeiramente um Banquete de Amor.

Construindo seu lar.   22 de outubro

Vocês estão construindo uma fé inabalável. Mobiliem o esconderijo de sua alma agora.

Encham-no com tudo que é harmonioso, bom, belo e eterno.

Construam suas casas espirituais agora, e o tempo de espera será bem aproveitado.

Montanhas de sacrifício. 23 de outubro

Vocês devem crer até o fim. Devem estar prontas a continuar confiando até a hora última.

Devem *saber*, mesmo quando não conseguirem *ver*... Devem estar prontas, como Meu servo Abraão, a escalar o próprio Monte do Sacrifício, até o último momento, antes de ver o Meu Livramento.

Esse teste final precisa acontecer com todos os que caminham pela Fé. Vocês devem confiar *apenas* em Mim.

Não olhem para qualquer outro braço, nem para qualquer outro auxílio. Confiem nas Forças Espirituais do Invisível, não nas que vocês vêem. Confiem e não temam.

Sal da terra. 24 de outubro

*Nosso Senhor, nós Te bendizemos e agradecemos
por Teu Poder que nos conserva.*

Sim! "Conservados pelo Poder de Deus" é a promessa e a segurança que garantem Alegria e Beleza para a alma que crê.

Conservar, que significa dar segurança e proteção, é algo maravilhoso. Há, também, o Conservar que subentende dar Vida, frescor, pureza, o ato de "manter imaculado das manchas do mundo".

Há ainda o conservar que Eu garanto àqueles a quem Eu chamo sal da terra.

"Vós sois o sal da terra e, se o sal for insípido, com que se há de salgar? Para nada mais presta, senão para ser lançado fora e para ser pisado pelos homens."

Apenas no contato muito íntimo Comigo é que se pode perceber o Poder de conservação, esse Poder que mantém o sal em seu melhor estado e que também preserva da corrupção aquela porção do mundo na qual Eu o coloco.

Que obra maravilhosa! Nesse caso, não pela atividade, mas simplesmente por sua existência e qualidade.

Livres do desemprego. 25 de outubro

O CAMINHO da conquista sobre o material, o temporal, que todos os Meus discípulos deveriam conhecer, é traçado pela conquista do físico e do ego de cada um.

Então procurem vencer em todas as coisas. Considerem esse um mandamento muito específico. As circunstâncias são adversas. O poder temporal, como o dinheiro, precisa estar disponível.

Procurem então a cada dia, mais e mais, vencer a vocês mesmas. Fazendo assim, apesar de talvez não o notarem, estarão certamente vencendo as forças e poderes desse mundo.

O desemprego acabaria se o homem percebesse essa verdade.

Se ele não tiver trabalho, que se transforme em uma força conquistadora, a começar com a vitória sobre o mal em seu próprio interior, depois sua casa e em seguida todos à sua volta. Ele terá se tornado uma força necessária e *com certeza* será empregado.

Não há horas ociosas em Meu Reino. A espera às vezes parece um tempo ocioso, em se tratando do mundo exterior, mas pode e deve ser um momento de grande atividade em sua vida interior e no plano material à sua volta.

Desertores.   **26 de outubro**

Vocês devem confiar até o fim. Meu Amor não suporta nada menos do que isso. Eu sou tão freqüentemente "ferido na casa dos meus amigos". Vocês acham que o cuspe, o desprezo, a zombaria e os insultos de Meus inimigos me feriram? Não!

"Então, deixando-O, todos fugiram." "Não conheço esse homem." *Esses* atos deixaram suas cicatrizes.

Então, não é a incredulidade de meus inimigos que me dói, mas a de Meus amigos, que Me amam e Me conhecem, mas que não são capazes de percorrer todo o caminho Comigo e duvidam do Meu Poder em fazer tudo que prometi.

Dias de vitória. 27 de outubro

Eu vejo o esforço cheio de amor e não os defeitos. Eu vejo a conquista de suas batalhas particulares. Eu a conto como vitória, uma feliz vitória.

Eu não as comparo com as campanhas extenuantes de Meus grandes Santos.

A vitória é de vocês, os anjos rejubilam e seus amados se alegram, tanto quanto em qualquer vitória observada e comemorada pelos Céus.

Minhas filhas, considerem os dias de vitória dias muito abençoados.

Surpresas alegres. 28 de outubro

Nosso Senhor, sabemos que está tudo bem.
Confiamos em Ti em tudo. Amamos-Te cada vez mais.
Dobramo-nos à Tua vontade.

Não se curvem como alguém abatido por algum forte golpe, quase caindo, ou pela aceitação de alguma decisão inevitável.

Dobrem-se como uma criança que antegoza uma surpresa alegre que está sendo preparada para ela por alguém que a ama.

Curvem-se, esperando *apenas* ouvir uma palavra de amor para levantarem sua cabeça e verem a glória, a Alegria e as maravilhas de sua surpresa.

Não levem o dinheiro em conta. 29 de outubro

NUNCA avaliem o sucesso de alguém por suas riquezas. Esse não é o espírito de Meu Reino. Seu sucesso consiste da medida de Minha Vontade e de Minha Mente que vocês tiverem revelado àqueles que estão à sua volta.

Seu sucesso consiste da medida de Minha Vontade que aqueles ao seu redor tiverem visto cumprida em suas vidas.

A lição mais difícil. 30 de outubro

ESPEREM e vocês perceberão a Alegria daquele que consegue ter calma e esperar, sabendo que está tudo bem. A última e mais difícil lição é a da espera. Então esperem.

Eu quase diria nessa noite: "Perdoem-me, filhas, por Eu permitir que mais essa carga repouse sobre vocês, mesmo que por pouco tempo."

Eu quero que vocês saibam que Eu tomei o caminho mais rápido possível para concretizar sua salvação e para libertar vocês a partir do momento em que vocês colocaram tudo em Minhas Mãos e não buscaram outro auxílio.

Vocês têm tido que aprender muito para evitar futuros desastres, mas o Amigo com quem vocês estiverem junto ao túmulo do fracasso, das ambições mortas, dos desejos abandonados, esse Amigo é um Amigo para todas as horas.

Aproveitem esse tempo de espera para aprofundarem sua Amizade Comigo e para aumentarem seu Conhecimento de Mim.

Novamente a voz.   31 de outubro

Lâmpada para os meus pés é a Tua palavra,
e luz, para os meus caminhos.
— Salmo 119:105.

SIM! Minha Palavra, as Escrituras. Leiam-na, estudem-na, guardem-na em seus corações, usem-na como se usa uma lanterna para guiar os passos.

Lembrem-se, no entanto, Minhas filhas, de que a Minha Palavra é até mesmo mais do que isso. É a Voz que fala em seus corações, aquela consciência interior que fala de Mim.

É a Voz que fala a vocês íntima e pessoalmente nesse momento vespertino e sagrado. É até mesmo mais do que isso. Sou Eu, seu Senhor e Amigo.

"E o Verbo se fez carne e habitou entre nós." Verdadeiramente uma lâmpada para seus pés e uma luz para o seu caminho.

NOVEMBRO

Oração de alegria.   1º de novembro

A Alegria é a mensageira, querido Senhor,
que leva nossas orações até Ti.

A ORAÇÃO pode ser como incenso, elevando-se cada vez mais, ou como a neblina baixa que se apega ao solo, nunca subindo aos céus.

Aquele que tem Olhos que tudo vêem e Ouvidos que tudo ouvem conhece *cada* súplica.

A verdadeira oração de fé, no entanto, é a oração de Alegria, que vê e conhece o coração de Amor que se ergue para saudar e que tem a certeza de resposta favorável.

Entreguem.   2 de novembro

DÊEM, dêem, dêem. Mantenham o vaso constantemente vazio para que Eu o encha.

No futuro, usem tudo para Mim e dêem tudo o que *vocês* não puderem usar.

Como morrem pobres os que deixam riquezas! Os bens existem para serem usados e gastos na Minha Obra.

Gastem-nos à medida que avançarem. Gastem-nos com alegria.

Livres de limites.   **3 de novembro**

A MINHA Lei é a do Suprimento Ilimitado. Oh! A provisão sem limites, e, oh! os pobres canais bloqueados! Será que vocês nunca sentirão que não há limites para o Meu Poder?

O homem blasfema quando pede coisas pequenas e mesquinhas. Será que vocês não vêem como têm procedido mal Comigo? Eu desejo dar a vocês um presente, e, se se contentarem com o pequeno, o mesquinho e o sórdido, estarão me insultando, a Mim, o Doador.

"Pedi o que quiserdes, e vos será feito." A maneira pela qual Eu cumpro a promessa é Obra Minha, não sua, pensem nisso... Tenham muita Fé, esperem coisas grandes e receberão coisas grandes.

Eu estou ao seu lado.   **4 de novembro**

Na Tua presença há plenitude de alegria,
na Tua destra, delícias perpetuamente.
— Salmo 16:11.

NÃO procurem perceber essa plenitude de Alegria como resultado de qualquer esforço de sua parte. Isso é tão impossível quanto você sentir Alegria pela presença de um amigo humano porque se esforçou por gostar de ter esse amigo ao seu lado.

Clamem freqüentemente por Meu Nome, "Jesus".

Chamar Meu nome na realidade não Me convoca, pois Eu já estou ao lado de vocês, mas removam, se as houver, as escamas de seus olhos para que vocês Me vejam.

Chamar Meu nome é, como foi, como a pressão da mão de um ente amado que provoca pressão em resposta, seguida por um arrepio de Alegria e de uma sensação real e feliz de proximidade.

Segunda vinda. 5 de novembro

Jesus, Consolador dos que sofrem,
ajuda-nos a trazer Teu conforto a cada coração e
vida a quem Tu desejares. Usa-nos, Senhor.
Os anos poderão ser poucos ou muitos.
Coloca-nos onde pudermos melhor servir-Te
e influenciar mais pessoas para que Te conheçam.

O MUNDO logo seria trazido a Mim se somente todos os que me reconhecem como Senhor, como Cristo, se entregassem sem reservas para serem usados por Mim.

Eu poderia usar *cada* corpo humano como canal para o Amor e Poder Divino tão poderosamente quanto o fiz com Meu próprio corpo.

Eu não atraso Minha segunda vinda. *Meus seguidores* o fazem.

Se cada um deles vivesse para Mim, em Mim, permitindo-Me viver através dele e usá-lo para expressar o Amor Divino como Eu o expressei na terra, então há muito o mundo teria sido atraído a mim, e Eu teria voltado para reivindicar os Meus.

Então busquem, Minhas filhas, viver sem conhecer outro desejo a não ser Me expressar e mostrar o Meu Amor ao seu mundo.

Deus em ação. 6 de novembro

O PODER não é uma força tão poderosa quanto parece, algo que você chama em seu socorro para intervir nas crises. Não! *O Poder é apenas Deus em Ação.*

Por isso, sempre que um servo Meu, por mais fraco que seja humanamente falando, permite que Deus trabalhe por meio dele, então tudo o que faz é *poderoso*.

Levem esse pensamento com vocês nos dias em que parecer que estão realizando pouco. Tentem ver que não são vocês que fazem a obra, mas o Espírito Divino em vocês. Tudo que precisam fazer, como Eu já lhes disse antes, é se desligarem. Um machado muito poderoso na Mão de um Mestre realiza muito. A mesma ferramenta na mão de uma criança, nada. Observem pois que o que conta não é o instrumento, mas a Mão do Mestre que o maneja.

Lembrem-se de que nenhum dia em que alguma Verdade Espiritual se torne mais clara é desperdiçado. O uso que Eu fiz dele pode não ser aparente para vocês, mas deixem isso Comigo. Permaneçam em Mim, e Eu em vocês, para que vocês dêem muitos frutos. Eles não são produtos dos ramos, apesar de serem carregados por eles com orgulho. São a obra da Videira, que envia sua seiva revigorante através desses mesmos ramos. Eu sou a Videira, e vocês, os ramos.

O ego destrói o poder.   7 de novembro

SE vocês permanecerem em Mim, desejando somente fazer a Minha Vontade e a Minha Obra, Meu Espírito não deixará de fluir através do canal de suas vidas para as vidas de outros.

Muitos pensam que são humildes ao dizerem que fazem pouco e que são de pouco valor em Meu mundo. Pensar assim na realidade *é* orgulho.

Imaginem se um tubo dissesse: "Faço tão pouco, gostaria de ser mais útil." A resposta seria: "Não é você quem faz, mas é a água que passa por você que salva e abençoa. Seu único serviço é garantir que nada bloqueie o caminho para que a água possa fluir por ele."

O único bloqueio que pode haver em *seu* canal é o ego. Livrem-se dele e saibam que Meu Espírito está fluindo através de vocês. Por isso apenas o melhor deve entrar em contato com vocês, porque vocês são canais.

Observem isso, e vocês acharão natural saber que outros estão sendo ajudados, não por vocês, mas por Meu Espírito fluindo através de vocês como canais que são.

Limpem a lousa. 8 de novembro

Mas uma cousa faço; esquecendo-me das cousas que para trás ficam e avançando para as que diante de mim estão, prossigo para o alvo, para o prêmio da soberana vocação de Deus em Cristo Jesus.
— Filipenses 3:13,14.

Esqueçam-se do passado. Lembrem-se apenas dos dias alegres. Limpem a lousa de suas lembranças com Amor, que apagará tudo que não tiver sido confirmado Nele. Esqueçam seus fracassos; os *seus* e os dos outros. Apaguem-nos do livro de sua lembrança.

Eu não morri na Cruz para que o próprio homem carregasse o peso de seus pecados. "Carregando Ele mesmo em seu corpo, sobre o madeiro, os nossos pecados, para que nós, mortos para os pecados, vivamos para a justiça."

Se vocês não se esquecerem das faltas dos outros, faltas essas que Eu já levei sobre mim, então estarão aumentando Minhas Dores.

Amizade maravilhosa.   9 de novembro

Pensem em Mim como um Amigo, mas percebam, também, a maravilha da Amizade. Assim que um homem Me dá, além de adoração, louvor, obediência e fidelidade, também compreensão amorosa, ele se torna Meu Amigo, assim como Eu dele.

Perguntem-se o que Eu posso fazer por vocês, sim, mas também o que podemos fazer uns pelos outros e o que vocês podem fazer por Mim.

Seu serviço se tornará muito diferente quando vocês sentirem que Eu conto com sua grande amizade para fazerem isso ou aquilo para Mim...

Meditem mais, meditem muito no pensamento de que são Minhas amigas e na beleza que reside no fato de Eu saber para onde posso Me voltar para encontrar Amor, compreensão e ajuda.

Novas forças.   10 de novembro

Lembrem-se de que as dificuldades e problemas da vida não existem para atrapalhar nosso progresso, mas para aumentar sua velocidade. Clamem para que novas forças e poderes entrem em ação.

Vençam o que quer que precise ser superado. Lembrem-se disso.

É como em uma corrida. Nada deve desanimar vocês. Não deixem que qualquer dificuldade as derrote. Vocês devem vencê-las.

Minha força estará aqui esperando por vocês. Coloquem todos os seus pensamentos e todo seu poder em ação. Nada é *pequeno* demais para ser enfrentado e superado. Deixar de lado dificuldades insignificantes é alimentar grandes problemas.

Levantem-se para vencer. Eu vou fazer com que trilhem o caminho da vitória. Não pode haver fracasso Comigo.

"Ora, àquele que é poderoso para vos guardar de tropeçar, e apresentar-vos ante a sua glória imaculados e jubilosos..."

As cores do céu.   11 de novembro

OLHANDO para trás, vocês verão que cada passo de suas vidas foi planejado. Deixem tudo Comigo. Cada pedra do mosaico se ajusta em um padrão perfeito, projetado pelo Mestre Artista.

Essa verdade é tão maravilhosa!

As cores, porém, pertencem aos matizes Celestiais, de modo que seus olhos não poderão captá-las completamente até que vocês estejam além do véu.

Agora vocês vêem apenas uma pedra de cada vez e confiam o padrão ao Arquiteto.

O grito mudo.   12 de novembro

*Jesus, ouve-nos, e deixa que nosso
clamor chegue até Ti.*

AQUELE grito mudo que vem do coração angustiado é ouvido acima de todas as músicas do Céu.

Não são os argumentos dos teólogos que resolvem os problemas de um coração perplexo, mas o clamor desse coração a Mim e a certeza de que Eu ouvi.

Todos os problemas resolvidos.   13 de novembro

O HOMEM tem idéias estranhas sobre o significado de meu convite "Vinde a Mim". Por vezes demais ele tem sido interpretado como um imposto devido a um Criador ou uma dívida contraída com um Salvador.

O "Vinde a Mim" contém uma multidão de significados que ultrapassam em muito até mesmo isso. "Vinde a Mim", para a solução de todos os problemas, para o calar de todos os medos, para tudo de que vocês precisarem, física, mental e espiritualmente.

Doentes, venham a Mim para receber saúde. Desabrigados, peçam-me um lar. Solitários, reivindiquem um amigo. Desesperançados, um refúgio.

"Vinde a Mim" para tudo.

Dias tortuosos. 14 de novembro

A VIDA não é fácil, Minhas filhas. O homem fez dela algo bem diferente do que Meu Pai planejou.

Os caminhos, que deveriam ter sido trilhas retas, foram transformados pelo homem em sendas tortuosas e cheias dos obstáculos e pedras das dificuldades.

Pelo Meu Espírito. 15 de novembro

O HOMEM tem a tendência de pensar que Meu Poder de Operação de Milagres entrou em ação apenas uma vez na história. Não é verdade. Sempre que alguém confiar completamente em Mim e deixar a Mim a escolha do próprio dia e hora esse Meu Poder se manifestará de modo tão maravilhoso hoje quanto se manifestava sempre quando Eu estava na terra, para libertar Meus Apóstolos ou para operar milagres, maravilhas e curas por meio deles.

Confiem em Mim. Tenham uma fé ilimitada em Mim, e vocês verão, e, vendo, Me darão toda glória. Lembrem-se e digam freqüentemente a vocês mesmas: "Não por força, nem por violência, mas pelo Meu Espírito, diz o Senhor."

Meditem muito em tudo que Eu realizei na terra e digam a vocês mesmas: "Ele, nosso Senhor, nosso Amigo, pode fazer a mesma coisa agora, em nossas vidas."

Apliquem esses milagres às necessidades do seu cotidiano e saibam que seu Auxílio e Salvação são certos.

A união é o poder. — 16 de novembro

*Porque, onde estiverem dois ou três reunidos
em Meu Nome, ali estou no meio deles.*
— Mateus 18:20.

REIVINDIQUEM sempre essa promessa. Saibam que é verdade que Eu sou o Terceiro quando dois dos que me amam se encontram. Nunca limitem essa promessa.

Quando vocês duas estiverem juntas em Meu Nome, unidas pelo vínculo de Meu Espírito, Eu estarei ali, e não somente quando se reunirem para irem ao Meu encontro e para ouvirem Minha Voz.

Pensem no que isso significa em termos de Poder. Essa é novamente a lição do Poder que segue *duas pessoas unidas que Me servem*.

Vidas sossegadas. — 17 de novembro

Muito bem, servo bom e fiel... entra no gozo do teu senhor.
— Mateus 25:21.

ESSAS palavras são sussurradas nos ouvidos de muitos pelos quais o mundo passaria sem reconhecer. Elas não são ditas tão freqüentemente aos grandes e famosos, mas aos seguidores tranqüilos que Me servem discreta mas fielmente e que carregam corajosamente sua cruz, com o rosto sorridente para o mundo. Agradeçam-Me pelas vidas sossegadas que vocês vivem.

Essas palavras falam não somente da passagem para uma Vida Espiritual mais plena. O serviço fiel a Mim faz com que vocês penetrem em uma Vida de Alegria — Minha Alegria, a Alegria de seu Senhor. O mundo pode nunca notar o serviço humilde, paciente e sossegado, mas Eu o vejo, e a Minha recompensa não é a fama do mundo, a riqueza do mundo, os prazeres do mundo, mas a Alegria Divina.

Seja aqui ou lá, no mundo material ou espiritual, essa é a Minha Recompensa: Alegria. A Alegria que provoca uma vibração deliciosa em meio à dor, à pobreza e ao sofrimento. A Alegria da qual Eu disse que nenhum homem pode tirar de vocês. Não há na terra prazer nem recompensa que possa dar *tal* Alegria ao homem. Ela só é conhecida pelos que Me amam e pelos Meus amigos.

Essa Alegria pode vir, não como uma recompensa pela atividade em Meu serviço, mas como o prêmio pelo sofrimento paciente e corajoso.

O sofrimento, compartilhado Comigo, deve a seu tempo trazer Alegria, assim como todo contato real Comigo. Então vivam junto a Mim nesse Reino de Alegria, o Meu Reino, cujo Portão de Entrada pode ser *serviço* ou *sofrimento*.

Glória deslumbrante.　　　　　　18 de novembro

Levanta-te, resplandece, porque é chegada a tua luz,
e é nascida sobre ti a glória do Senhor.
— Isaías 60:1.

A GLÓRIA do Senhor é a Beleza do Seu Caráter. Ela se levanta sobre vocês quando vocês a percebem, apesar de poderem fazê-lo só parcialmente na terra.

A Beleza da Pureza e do Amor de Deus é deslumbrante demais para que os mortais a vejam em sua totalidade.

A Glória do Senhor também se levantará sobre vocês quando vocês refletirem essa Glória em suas vidas, quando vocês revelarem pelo Amor, Paciência, Serviço, Pureza, ou qualquer outra coisa, algo do Pai e a certeza de que vocês estiveram Comigo, seu Senhor e Salvador.

Montanhas do Senhor.　　　　　　19 de novembro

Ergo os olhos aos montes: de onde virá o meu socorro?
O meu socorro vem do Senhor, que fez o céu e a terra.
— Salmo 121:1, 2.

SIM! Sempre ergam seus olhos do sórdido, mesquinho e falso que há na terra para os Montes do Senhor. Da pobreza, elevem seus olhos para o Auxílio do Senhor.

Em momentos de fraqueza, ergam seus olhos para os Montes do Senhor.

Treinem sua vista fortalecendo continuamente essa visão à distância. Pratiquem, para verem cada vez mais, cada vez mais longe, até que os picos distantes pareçam familiares.

Os Montes do Senhor. Os Montes de onde vem o seu socorro. Uma terra ressecada olha para os Montes buscando seus rios, suas correntes, sua vida. Então, olhem para os Montes. Daqueles Montes vem o Auxílio. Auxílio do Senhor, que fez o Céu e a terra.

Então olhem para o Senhor, que fez o Céu, em busca de solução para suas necessidades espirituais, e para Mim, dono de tudo isso, o Senhor que fez a terra, para suprimento de todas as suas carências temporais.

Mistérios.   20 de novembro

SUA Esperança está no Senhor. Coloquem mais e mais suas esperanças em Mim. Saibam que o que quer que o futuro traga para vocês, trará mais e mais de Mim e será certamente feliz e cheio de Alegria. No Céu ou na terra, onde quer que vocês estejam, seu caminho será realmente um caminho de delícias.

Não tentem encontrar respostas para os mistérios do mundo. Aprendam a Me conhecer mais e mais, e nesse Conhecimento vocês terão todas as respostas de que precisam aqui, e quando Me virem Face a Face, naquele mundo puramente Espiritual, não sentirão necessidade de perguntar. Lá, novamente, todas as suas respostas estarão em Mim.

Lembrem-se, um dia Eu fui a resposta a todos os questionamentos humanos em relação a Meu Pai e Suas Leis. Não se preocupem em conhecer a teologia. Conheçam-Me. Eu fui *a Palavra* de Deus. Tudo que precisarem saber sobre Ele, descubram através de Mim. Se alguém não Me conhecer, todas as suas explicações a ele cairão sobre um coração insensível.

Irradiem alegria.   21 de novembro

Não somente vocês devem se alegrar, mas sua Alegria deve ser claramente manifestada, "conhecida a todos os homens". Uma vela não deve ser colocada sob o alqueire, mas em um candelabro, de modo que possa iluminar a todos na casa.

Os homens devem ver e conhecer a Alegria de vocês, e, vendo-a, saber, sem nenhuma dúvida, que ela resulta de sua confiança em Mim e de sua vida em comunhão Comigo.

O caminho difícil e escuro da resignação não é o *Meu* Caminho. Quando Eu entrei em Jerusalém, sabendo bem o desprezo, zombaria e morte que Me esperavam, fui recebido com gritos de Hosana e uma procissão triunfal. Não havia apenas alguns seguidores de "causas perdidas" penetrando furtivamente na cidade junto Comigo. Não havia nenhuma nota de tristeza na conversa com Meus discípulos em Minha Última Ceia e, "quando acabamos de cantar um hino", saímos para o Monte das Oliveiras.

Confiem assim, vençam assim, se alegrem assim. O amor colore o caminho. O amor tira o aguilhão do vento da adversidade.

Amor. Amor. Amor por Mim. Tenham consciência de Minha Presença e da de Meu Pai, pois nós somos um e Ele — Deus — é Amor.

Apenas o Amor é eterno.   22 de novembro

Ainda que eu fale as línguas dos homens e dos anjos,
se não tiver amor, serei como o bronze que soa
ou como o címbalo que retine.
— 1 Coríntios 13:1.

Observem que apenas o amor conta. Apenas o que é feito com Amor é eterno, pois Deus é amor, e somente a obra de Deus permanece.

A fama do mundo e o aplauso dado àquele que fala na língua dos homens e dos anjos e que atrai admiração e atenção são oferecidos ao que é passageiro e realmente sem valor, caso lhe falte a Qualidade Divina, o Amor.

Pensem em como um sorriso ou palavra de Amor toma asas em seu caminho, pois, por mais simples que pareça, é um Poder Divino, enquanto as palavras poderosas de um orador podem cair infrutíferas no chão. Para se saber se toda obra ou palavra é verdadeira, basta perguntar-se se ela foi inspirada pelo Amor.

Se apenas o homem percebesse como é vã grande parte de suas atividades! Eu não reconheço muitas obras realizadas em Meu nome. Peçam Amor. Afastem de seus corações e vidas tudo que não seja amor, para que possam dar muito fruto, e para que com isso todos os homens saibam que vocês são Meus discípulos, porque têm Amor uns pelos outros.

A fúria da terra. 23 de novembro

No mundo passais por aflições;
mas tende bom ânimo; Eu venci o mundo.
— João 16:33.

Vocês podem perguntar por que vocês, Minhas Filhas, precisam passar por aflições já que Eu venci o mundo.

Minha vitória nunca foi para Mim mesmo, mas para vocês, para Meus filhos. Vocês sabem disso. Eu venci cada tentação e cada dificuldade à medida que ela se apresentava.

Os poderes do mal se esforçaram ao máximo para Me destruir. Eles falharam, mas o modo como o fizeram só foi dado a conhecer a Mim e a Meu Pai, que pode ler meu Espírito destemido. O mundo, até mesmo Meus próprios seguidores, teriam visto em Mim uma Causa Perdida. Insultado, açoitado, eles Me considerariam vencido. Como poderiam saber que Meu Espírito estava livre, inteiro, incólume?

E assim, como Eu tinha vindo para mostrar Deus ao homem, devo mostrar ao homem um Deus vitorioso, incólume, intocado pelo mal e por seu poder. O *homem* não podia ver Meu Espírito íntegro, elevado muito acima das fúrias e ódios humanos, no Esconderijo do Pai. Mas pôde ver meu corpo Ressurreto e aprender com isso que até mesmo a tentativa extrema do homem foi incapaz de Me tocar.

Animem-se com isso, pois vocês devem compartilhar Minhas tribulações. Se o mal as deixar em paz, é porque vocês devem ser más. Se o mal as desafiar, se as lutas se acirrarem, é porque vocês estão do Meu lado, e, como Minhas amigas, expostas ao ódio do mal.

Animem-se. Vocês caminham Comigo. Eu venci o mal em todas as frentes, apesar do homem só ter podido ver esse fato indubitavelmente comprovado quando Eu ressuscitei dos mortos. E vocês caminham ilesas hoje por causa de *meu* Poder Vencedor.

Sofrer para salvar. — 24 de novembro

CONSIDEREM as tarefas cotidianas como trabalho a ser realizado para Mim. Nesse Espírito, as bênçãos acompanharão tudo que vocês fizerem. Ofertando-Me seu dia de serviço, vocês compartilham a obra de Minha Vida, e com isso Me ajudam a salvar Meu mundo.

Vocês podem não ver, mas o poder do sacrifício vicário redime além de toda capacidade de compreensão humana aqui na terra.

O mendigo celeste. — 25 de novembro

Eis que estou à porta e bato.
— Apocalipse 3:20.

OH, meditem novamente nessas palavras e aprendam sobre Minha grande humildade.

Esse convite gentil também foi feito para aqueles que anseiam por viver uma alegria, um descanso, uma satisfação que nunca encontraram no mundo e em suas atividades.

A resposta à sua busca é "Vinde a Mim e vos darei descanso".

Aos que não sentem necessidade de Mim e que obstinadamente Me rejeitam, que fecham as portas de seu coração de modo a que Eu não possa entrar, a esses Eu me dirijo, em suave e humilde anseio. Mesmo quando encontro todas as portas fechadas e trancadas, permaneço ali como um mendigo, batendo e batendo. O Mendigo Celeste em Sua Grande Humildade.

Nunca pensem que aqueles que se fecharam para vocês ou que as esqueceram devem agora esperar, pois vocês não precisam mais deles. Não! Lembrem-se do Mendigo Celeste e aprendam a humildade Comigo.

Percebam também o valor que a felicidade, a paz e o descanso de cada homem tem para Mim, seu Deus; aprendam, e aprendendo, orem para imitarem a Inquietação Divina até que toda alma encontre sossego e paz em Mim.

Minha beleza. 26 de novembro

O PROFETA percebeu a Verdade em Minha última afirmação, dizendo: "Aquele que tem ouvidos para ouvir, ouça", o que pode ser parafraseado em "aquele que tem olhos para ver, veja".

O Deus que nasceu na terra não deveria habitar em um corpo tão belo que os homens o seguissem e adorassem pela beleza de seu Semblante.

Não! Ele deveria ser um como a quem o mundo despreza; para olhos que viam, no entanto, o Espírito que habitou naquele corpo devia ser perfeitamente lindo. "E quando olhávamos para Ele, nenhuma beleza víamos, para que O desejássemos."

Orem por olhos capazes de ver, para que percebam a Beleza de Meu Caráter e de Meu Espírito. Assim como a fé viu a Beleza da Divindade em Alguém que não tinha beleza ou formosura, peçam pela fé que vê a Beleza de Meu Amor em Meu relacionamento com vocês, em Minhas ações, até que possam ver com os olhos da fé tudo o que possam desejar, em meio ao que o mundo destrói em crueldade e aspereza.

Conheçam-Me. Falem Comigo. Deixem-Me falar com vocês, de modo que Eu possa esclarecer aos seus corações amorosos o que parece misterioso e sem propósito ("sem forma nem formosura".)

Nenhum desfavor. 27 de novembro

Não a nossa, mas a Tua vontade, Senhor.

O HOMEM Me compreendeu muito mal quanto a essa verdade. Eu não quero que ele entregue relutantemente sua vontade em Meu altar. Quero que vocês amem e desejem a Minha Vontade, porque é nela que reside sua Felicidade e Descanso Espiritual.

Toda vez que vocês se sentirem incapazes de deixar as decisões Comigo, orem, não para aceitarem Minha Vontade, mas para Me conhecerem e amarem mais. Com esse conhecimento e Amor, terão certeza de que Eu sei o que é melhor e de que Eu só quero o melhor para vocês.

Como aqueles que pensam que sou desfavorável a eles Me conhecem pouco! Quantas vezes Eu estou respondendo suas próprias orações de modo melhor e mais rápido.

O caminho do Espírito.   28 de novembro

Jesus, nós viemos a Ti com Alegria.

SUAS vidas devem ser, e serão, cada vez mais cheias da alegria de Me encontrar. Elas precisam primeiro se concentrar cada vez mais em um círculo interior de vida em comunhão Comigo (nós três), e então, à medida que essa amizade se tornar mais intensa e profunda, seu círculo de interesses se ampliará gradualmente.

Não pensem em sua vida presente como algo limitado. Eu tenho Meu Propósito, Meu Propósito Amoroso, quando as afasto completa e temporariamente de outros trabalhos e interesses.

Não seria o caminho certo ir restringindo gradualmente uma vida cheia de interesses e repleta de um desejo de atividades diversas até o círculo íntimo de vida espiritual Comigo. É por isso que freqüentemente, quando uma alma Me encontra em meio a todas essas atividades e interesses, Eu preciso iniciar nosso Relacionamento cortando todos os laços que a ligam ao círculo mais amplo. Quando ela tiver se fortalecido e aprendido a sua lição nessa fase, poderá ampliar os limites de sua vida, trabalhando dessa vez de dentro para fora, levando a influência do círculo interior a cada contato e amizade.

Esse deve ser seu estilo de vida.

Esse é o caminho do Espírito. Muito poucos o compreendem.

Quando dois concordam. 29 de novembro

Se dois de vós concordardes.

Eu sou a Verdade. Cada palavra Minha é verdadeira. Cada promessa Minha será cumprida.

Primeiro, "reunidos em Meu nome", ligados pela lealdade comum a Mim, desejosos apenas de fazer Minha Vontade.

Então, quando isso acontecer, também estarei presente como hóspede que não espera convite, e quando estiver ali e for um com vocês, enunciando a mesma petição, fazendo dos seus clamores os Meus, a conseqüência é a resposta positiva à oração.

O que o homem tem falhado em perceber é *tudo* o que se esconde por trás das palavras, pois dois que concordem em relação à sabedoria de um pedido e à certeza de que ele *deve* ser concedido e de que será concedido (se for da vontade de Deus), não é o mesmo do que dois concordando com esse pedido.

Do ego para Deus.   **30 de novembro**

O Deus eterno é a tua habitação.
— Deuteronômio 33:27.

UM lugar para se esconder, um santuário. Um esconderijo dos mal-entendidos, *de vocês mesmas*. Apesar de vocês poderem fugir dos outros para a tranqüilidade de seu próprio ser, mas de vocês mesmas, de sua sensação de fracasso, de sua fraqueza, de seus pecados e deficiências, para onde poderão fugir?

Para o Deus Eterno, seu refúgio. Escondidos em Sua Imensidão, vocês se esquecerão de sua pequenez, mesquinharia e limitações até que o alívio da segurança se funda à Alegria da gratidão por esse refúgio e até que vocês absorvam o Divino, e, absorvendo-O, ganhem força para vencer.

DEZEMBRO

Responsabilidade. 1º de dezembro

Eu estou ao seu lado. Um Jesus muito humano, que compreende todas as suas fraquezas e cuida de suas lutas e vitórias.

Lembrem-se de que Eu fui o Companheiro dos Fracos, pronto a matar a fome deles, ensinando a Meus seguidores a sua responsabilidade em relação a todos, não somente aos próximos e queridos, mas à multidão.

"Despede-os, para que vão aos lugares e aldeias circunvizinhas, e comprem provisões para si; porque não têm o que comer", disseram Meus discípulos, sem solidariedade para com homens, mulheres e crianças exaustos que desfaleciam.

Mas Eu ensinei que a Misericórdia Divina inclui a responsabilidade. "Dai-lhes vós mesmos de comer", foi Minha resposta. Eu ensinei que a piedade, sem um remédio para o mal, ou a miséria, não tem valor algum.

"Dai-lhes vós mesmos de comer." Onde quer que sua misericórdia vá, vocês também devem ir, se possível. Lembrem-se *disso* quando pensarem em suas próprias necessidades. Clamem a Mim para que Eu as capacite a terem a mesma atitude agora.

O servo não está acima de seu senhor, especialmente nas conquistas espirituais, e Eu faço o que ensinei a Meus discípulos.

Então vocês, fracas e necessitadas à beira do lago da vida, saibam que Eu suprirei suas necessidades, não de má vontade, mas em medida transbordante.

O homem ideal. 2 de dezembro

APROXIMEM-SE, tirem seus sapatos em reverência e adoração silenciosa. Aproximem-se, assim como Moisés se aproximou da sarça ardente.

Eu concedo a vocês a intimidade amorosa de um amigo, mas sou Deus também, e a maravilha de nosso relacionamento, o milagre de sua intimidade Comigo terá um maior significado para vocês se às vezes vocês virem a Figura Majestosa do Filho de Deus.

Aproximem-se em confiança total, que é a oração mais sublime. Aproximem-se. Nada de súplicas distantes, até mesmo para um Deus vestido de majestade e fogo. Aproximem-se. Aproximem-se, não como pedintes, mas como ouvintes. Sou Eu quem suplica, já que revelo Meus desejos a vocês, pois esse Deus Majestoso também é Irmão e deseja muito intensamente que vocês sirvam seus irmãos humanos, e ainda mais intensamente que vocês sejam fiéis a essa Visão que Ele tem de vocês.

Vocês dizem que seus companheiros humanos desapontam vocês e não correspondem ao ideal que vocês tinham deles. Mas e Eu? Em cada homem Eu vejo um ser ideal, o homem que ele poderia ser, o homem que Eu o faria ser.

Julguem com o Meu Coração quando ele deixa de cumprir aquela promessa. Os desapontamentos humanos podem ser grandes e muitos, mas não são nada se comparados aos Meus desapontamentos. Lembrem-se disso e lutem para serem as amigas que Eu vejo quando olho para vocês.

Uma jornada Comigo. 3 de dezembro

Não perturbem suas almas com questionamentos que vocês não podem resolver. A solução pode nunca ser revelada até vocês deixarem essa vida.

Lembrem-se do que Eu disse a vocês tantas vezes, "Eu ainda tenho muito a vos dizer, mas não o podeis suportar agora". Vocês só podem dar um passo e viver uma etapa de cada vez em sua jornada para o alto.

A única certeza que vocês terão é a de que essa é uma viagem empreendida em Minha companhia, e sentirão a Alegria conhecida de todo aquele que compartilha de Meus sofrimentos. Essa Alegria, no entanto, não é o resultado desse sofrer, mas de sua intimidade e proximidade Comigo, às quais o próprio sofrimento trouxe vocês.

Homem de dores. 4 de dezembro

*Era desprezado e o mais rejeitado entre homens;
homem de dores e que sabe o que é padecer; e,
como um de quem os homens escondem o rosto,
era desprezado, e dele não fizemos caso.*
— Isaías 53:3.

O FATO de essas palavras soarem como uma nota de Beleza no coração daqueles que se sintonizam para ouvi-la mostra verdadeiramente que ele reconhece sua necessidade do Homem de *Dores*. Mostra que não há nada a se desprezar Naquele que foi desprezado pelo mundo. Mostra que ele reconhece a enorme diferença entre os valores do Céu e os do mundo. A fama e as aclamações são concedidas aos grandes da terra, o desprezo e rejeição ao Filho de Deus.

Meus discípulos devem sempre evitar a valorização do mundo e julgar apenas segundo os valores dos Céus. Os valores terrenos não são para vocês. Não busquem o louvor e a atenção de homens. Vocês estão seguindo um Cristo desprezado. Vejam a multidão que grita com raiva, atira pedras, zomba, e ainda assim naquele outro pequeno grupo tranqüilo há uma Alegria e uma Felicidade que a multidão injuriosa nunca poderia conhecer.

Sigam a pequena multidão cheia de pedras e zombarias, e ela parece ser composta de homens maus, ridículos e desprezíveis. Façam parte do outro pequeno grupo e sentirão a Majestade de Deus na presença Dele, Que foi desprezado e rejeitado pelos homens. Uma coroa em Sua Cabeça e gritos de aplauso diminuiriam sua Majestade.

Em suas horas difíceis, quando o auxílio humano falha, fiquem bem perto do Homem de Dores. Sintam Minha Mão de Amor pressionar a sua em compreensão silenciosa, mas completa. Eu também conheci a dor. Nenhum coração pode doer sem que o Meu também sofra. "Era desprezado, e Dele não fizemos caso algum."

A lei do suprimento. 5 de dezembro

A PRIMEIRA lei sobre o dar tem origem no mundo espiritual. Dêem a todos os que vocês encontrarem, ou a todos cujas vidas toquem as suas; dêem suas orações, seu tempo, vocês mesmas, seu amor, seus pensamentos. Vocês devem praticar primeiro *esse tipo* de doação.

Dêem então os bens e o dinheiro desse mundo, assim como ele foi dado a vocês. Não é correto vocês darem bens e coisas materiais sem terem antes criado o hábito diário, horário, cada vez mais intenso, de dar no plano superior.

Dêem, dêem, dêem o seu melhor para todos os que dele precisarem. Sejam grandes doadoras — grandes doadoras. Dêem como Eu afirmei que Meu Pai nos Céus dá. Ele faz seu sol brilhar sobre bons e maus, e envia sua chuva sobre justos e injustos. Lembrem-se, como Eu já disse antes, de dar de acordo com a necessidade, e nunca com o merecimento. Quando derem com o desejo de suprirem uma necessidade real, vocês estarão parecendo-se com aquele Pai nos Céus que é o Grande Doador.

À medida que vocês recebem, devem suprir as necessidades daqueles que Eu trouxer a vocês. Sem questionar, sem limitar. A proximidade e o relacionamento que eles tiverem com vocês não devem contar. Sejam guiadas apenas pelas necessidades deles. Orem para se tornar grandes doadoras.

Esperem a tentação. 6 de dezembro

Esperai a tentação. Senhor, dá-nos Poder para vencer a tentação como Tu o fizeste no deserto.

O PRIMEIRO passo em direção à vitória sobre a tentação é ver o fato como tal e dissociar-se dele.

Não pensem nela como algo resultando de seu cansaço, doença, pobreza ou stress. Isso dá a vocês uma desculpa para cederem. Percebam bem, primeiro, que quando tiverem ouvido Minha voz ("Como se os céus se abrissem") e forem cumprir com sua missão, trabalhando para Mim e atraindo as almas a Mim, vocês devem esperar um ataque poderoso do mal, que procurará frustrar vocês com todas as forças e com isso impedir a boa obra. Esperem isso.

Então, quando vierem essas pequenas ou grandes tentações, vocês as reconhecerão como planos do diabo para se opor a Mim, e pelo próprio amor por Mim vocês vencerão.

Alimento para a vida.   7 de dezembro

Tenho para comer um alimento
que vós não conheceis.

Essas foram Minhas palavras a Meus Discípulos nos primeiros dias de Meu Ministério. Mais tarde, Eu os levei a uma compreensão maior dessa União Majestosa de uma alma com Deus, na qual força, vida e alimento passam de Um para o outro.

O alimento deve sustentar o corpo. Fazer a vontade de Deus é a própria força e o sustento da Vida. Encham-se desse alimento.

A fome da Alma acontece quando vocês não o fazem e quando não têm prazer em fazer a Minha Vontade. O mundo está muito ocupado falando de corpos subnutridos, mas e as almas subnutridas?

Façam com que seu alimento seja fazer a Minha Vontade. Daí virão realmente Sua Força e Poder.

Meu Reino. 8 de dezembro

*E obras maiores do que estas farão,
porque Eu vou para Meu Pai.*

ENQUANTO Eu estive na terra, Minha causa foi uma causa perdida para muitos daqueles com quem convivi. Até mesmo Meus discípulos não acreditavam totalmente, às vezes questionando-se e duvidando. Quando todos eles me abandonaram e fugiram, não foi tanto por medo de Meus inimigos quanto pela certeza de que Minha Missão, por mais bela que eles pensassem ser, tinha falhado.

Apesar de tudo que Eu tinha ensinado a eles, apesar da revelação da Última Ceia, eles tinham secretamente certeza de que quando viesse o momento final e o ódio dos fariseus fosse declarado contra mim, Eu faria soar algum tipo de chamada e lideraria Meus muitos seguidores para fundar Meu reino terreno. Até mesmo os discípulos que tinham olhos para ver Meu Reino Espiritual pensaram que as forças materiais tivessem se provado mais fortes do que Eu.

No entanto, com Minha Ressurreição, veio a esperança. A fé reviveu. Eles lembravam um ao outro as minhas palavras. Eles tinham a certeza de Minha Divindade e Messianidade, cuja falta tinha antes limitado Minha obra na terra, e eles tinham então a ajuda de todo o Meu Poder do Invisível — O Espírito Santo.

Lembrem-se, Eu vim para fundar um Reino — o Reino. Os que viviam nesse Reino deveriam fazer a obra — obras maiores ainda do que aquelas que Eu tinha sido capaz de fazer. Não uma maior demonstração de Poder, não uma Vida maior, mas, à medida que os homens reconheciam Minha Divindade, as oportunidades para obras em Meu nome aumentavam. Meu trabalho na terra foi reunir ao meu redor o núcleo do Meu Reino e ensinar suas verdades para eles, que deveriam viver e trabalhar com base nessas mesmas verdades.

A recompensa por sua busca. 9 de dezembro

Senhor, todos os homens Te buscam.

Todos os homens Me buscam, mas nem todos sabem o que querem. Estão procurando porque se sentem insatisfeitos, sem perceberem que Eu sou o objetivo de sua busca.

Que seja sua maior alegria serem os instrumentos que provem (por meio de suas vidas, sofrimentos, palavras de amor) aos que estão buscando que vocês sabem que a procura deles terminará quando Me virem.

Aproveitem Meu exemplo. Eu deixei Minha obra, aparentemente a maior de todas, a de salvar almas, para buscar comunhão com Meu Pai. Pode ser que Eu soubesse que, para muitos, Eu era simples objeto de curiosidade inconsistente? Pode ser que Eu soubesse que não pode haver pressa no Reino e que a voz suave e não os gritos de uma multidão eram os únicos a persuadir os homens de que Eu sou o Filho de Deus?

De nada adianta ser rodeado por multidões se elas não estiverem realmente desejando aprender de Mim e Me seguir. Sigam o Cristo até os locais de oração.

Momentos tranqüilos.   10 de dezembro

Haverá talvez momentos em que nada revelarei, nada ordenarei, nada orientarei. Mas seu caminho está claro, e sua tarefa é a de crescer a cada dia mais no conhecimento de Mim, exatamente o que *esses* momentos tranqüilos Comigo capacitarão vocês a fazerem.

Pode ser que Eu peça que vocês se sentem em silêncio diante de Mim, e pode ser que Eu não diga nada que vocês possam escrever. O tempo de espera *Comigo* trará consolo e Paz da mesma forma. Apenas amigos que se compreendem e se amam podem esperar silenciosamente na presença um do outro.

E pode ser que Eu prove sua amizade, pedindo a vocês que esperem em silêncio enquanto Eu descanso com vocês, certo de seu Amor e compreensão. Esperem assim, amem assim, alegrem-se assim.

O presente do nascer do sol.   11 de dezembro

Àqueles cujas vidas têm sido repletas de lutas e cuidados, aos que sentiram, como vocês duas, a tragédia do viver, a dor de um coração em agonia por um mundo perdido, aos Meus seguidores, Eu dou aquela Paz e Alegria que traz à existência sua segunda Primavera, a juventude sacrificada por Mim e por Meu mundo...

Considerem cada dia um presente feliz do nascer do sol. Um presente Meu. Suas simples tarefas diárias, se feitas em Minha força e Amor, trarão a consciência de suas maiores esperanças. Esperem grandes coisas. Esperem grandes coisas.

Livres de cuidados.   12 de dezembro

O perfeito amor lança fora o medo.

Amor e medo não podem viver juntos. Por suas próprias naturezas, não podem existir lado a lado. O mal é poderoso, e o medo é uma das forças mais potentes do mal.

Por isso um amor fraco e vacilante pode ser rapidamente derrotado pelo medo, enquanto que um Amor perfeito e confiante é imediatamente o Vencedor; o medo, vencido, foge em confusão.

Mas Eu sou Amor porque Deus é Amor, e Eu e o Pai somos um. Então o único modo de obter esse perfeito Amor que lança fora o medo é ter-Me cada vez mais em suas vidas. Vocês só poderão banir o medo pela Minha Presença e pelo Meu Nome.

Não precisamos temer o futuro, pois Jesus está conosco.

Não precisamos temer a pobreza, pois Jesus proverá. (E fará o mesmo com todas as tentações ligadas ao medo.)

Não deixem o medo entrar. Falem Comigo. Pensem em Mim. Falem de Mim. Amem-Me e a sensação do Meu Poder as tomará tão completamente que nenhum medo poderá dominar suas mentes. Sejam fortes em Meu Amor.

Perpétuo guiar. 13 de dezembro

PLENITUDE de Alegria. A Alegria do Perpétuo Guiar. A Alegria de saber que cada detalhe de suas vidas foi planejado por Mim com abundância de afeição e Amor.

Esperem por Minha Orientação a cada passo. Esperem até que Eu mostre o caminho. Alegrem-se muito ao pensarem em Minha liderança amorosa. Todas as responsabilidades da Vida foram tiradas de seus ombros. Toda preocupação com seus negócios foi tirada de seus ombros. A sensação de serem tão livres e ao mesmo tempo objeto de tantos cuidados traz realmente grande Alegria.

Oh! As maravilhas da vida guiada por Deus! Pensar que algo é impossível nessas circunstâncias é dizer que não pode ser feito por Mim, e afirmar isso é certamente Me negar.

Tempestades. 14 de dezembro

Nosso Senhor amoroso, nós Te agradecemos
por Teu maravilhoso poder que nos guarda.

Não há milagre tão maravilhoso quanto o de uma alma sustentada pelo Meu Poder. As forças do mal atacam, tempestuosas, mas são impotentes. As tempestades se enfurecem em vão.

Tentem ver suas vidas como jardins cheios de frescor, flores suaves, borboletas, árvores e fontes no meio de uma cidade enorme e agitada.

Não somente como calmas e inamovíveis, mas como fragrâncias inspiradas que expressam beleza. Esperem tempestades. Saibam que é impossível estar ligadas em grande amizade e união e em seu grande Amor por Mim para fazer Minha Obra e não provocar inveja, ódio e malícia da parte de todos aqueles que não estiverem do Meu lado.

Onde o inimigo ataca? Na fortaleza e não no deserto inabitado.

Minha sombra. 15 de dezembro

APRENDAM que cada dia deve ser vivido em Meu Poder e na consciência de Minha Presença, mesmo se a excitação da Alegria parecer ausente. Lembrem-se de que, se a escuridão aparentemente se projetar em suas vidas, ela não representa a Minha retirada, mas a Sombra de Minha Presença enquanto Eu Me coloco entre vocês e seus inimigos.

Mesmo no relacionamento com seus entes mais próximos e queridos há os dias silenciosos. Vocês não duvidam do Amor *deles* simplesmente porque não ouvem seu riso nem sentem arrepios de Alegria com sua proximidade.

Os dias quietos e cinzentos são dias de trabalho. Façam a obra na certeza de que estou com vocês.

O que é a alegria. 16 de dezembro

Senhor, dá-nos Tua Alegria, aquela Alegria que nem homem, nem pobreza, nem circunstâncias podem tirar de nós.

VOCÊS terão a Minha Alegria. No entanto, a Vida não é apenas uma marcha para vocês duas — uma marcha extenuante... A Alegria virá, mas por enquanto não pensem nela, mas apenas na jornada... A Alegria será a recompensa...

Entre Minha Promessa do Dom da Alegria aos Meus discípulos e sua percepção dessa Alegria veio a sensação de fracasso e impotência, depois a esperança, a espera e a coragem diante do perigo.

A Alegria é a recompensa por vocês pacientemente Me verem nos dias escuros e de confiarem em Mim quando não puderem ver... A Alegria está onde seus corações respondem ao Meu sorriso de reconhecimento por sua fidelidade...

Parem de pensar que está tudo errado em suas vidas apenas porque vocês não a sentem... Lembrem-se de que, apesar de ainda não serem felizes, são corajosas, e a coragem e o pensamento altruísta são com certeza sinais do verdadeiro discipulado tanto quanto a Alegria.

Condições para as bênçãos.   17 de dezembro

Jesus, nós Te amamos. Vemos que todas as coisas foram planejadas por Ti e alegramo-nos nessa visão.

ALEGREM-SE por serem Minhas. Os privilégios dos membros do Meu Reino são muitos. Quando Eu disse que Meu Pai "faz nascer Seu Sol sobre maus e bons, e faz chover sobre justos e injustos", Eu falava de bênçãos temporais e materiais.

Eu não quis dizer que o crente e o incrédulo seriam tratados do mesmo modo. Isso não é possível; Eu posso enviar chuva e sol, dinheiro e bênçãos materiais igualmente a ambos, mas a bênção do Meu Reino, essa seria impossível.

Há condições que controlam a concessão dessas últimas. Meus seguidores nem sempre compreendem isso, mas o farão forçosamente se se lembrarem do Meu mandamento seguinte: "Sede vós perfeitos, como perfeito é o vosso Pai celeste."

Seria impossível para vocês tentar conceder a todos o mesmo Amor, Compreensão e interação de pensamentos. No entanto, vocês podem conceder as bênçãos temporais, como faz Meu Pai. Tudo deve ser feito em Amor e em espírito de perdão verdadeiro.

Vejam maravilhas. 18 de dezembro

PENETREM em pensamento no próprio coração do Meu Reino. Vejam que há ali abundância de delícias em meus reservatórios e agarrem-nas com mãos ávidas.

Vejam maravilhas, peçam maravilhas, levem de volta maravilhas com vocês. Lembrem-se de que essa linda terra em que vocês vivem foi um dia apenas um pensamento na Mente Divina. Pensem em como, a partir de um pensamento seu, um canto dela pode crescer e se tornar o Jardim do Senhor, a Casa em Betânia para seu Mestre, um local para o qual Eu tenho o direito de trazer Meus amigos, Meus necessitados, para conversar e descansar Comigo.

Perfeito amor. 19 de dezembro

*Nosso Senhor, dá-nos Teu perfeito Amor
que joga fora o medo.*

NUNCA se permitam temer algo ou alguém. Não temam que Eu falhe com vocês. Não temam que sua fé vacile. Não temam a pobreza ou a solidão. Não temam desconhecer o caminho. Não temam os outros. Não temam a incompreensão deles.

Minhas filhas, a capacidade de lançar completamente fora o medo é resultado de um Perfeito Amor, do Perfeito Amor por Mim e pelo Meu Pai. Falem Comigo sobre tudo. Ouçam-Me em todas as ocasiões. Sintam Minha suave proximidade, substituindo de vez todo medo pelo pensamento de Mim.

Os poderes do mal observam vocês como um exército que pretende sitiar uma cidade a observaria: seu objetivo é sempre encontrar algum ponto fraco, atacá-lo e conseguir entrar. O mal anda ao seu derredor e busca surpreender vocês em algum medo.

Ainda que pequeno, ele abre ao mal um ponto fraco para o ataque, e então penetram rápido a depressão, a dúvida e muitos outros pecados. Orem, Minhas filhas amadas, por esse Perfeito Amor a Mim que verdadeiramente lança fora todo medo.

Depressão. 20 de dezembro

Lutem contra o medo como lutariam contra uma praga. Lutem em Meu Nome... O medo, mesmo o menor deles, é um golpe nas cordas de Amor que ligam vocês a Mim.

Por menor que seja a impressão, com o tempo essas cordas se afinam e então se partem com uma decepção ou choque. As cordas de Amor teriam permanecido íntegras, não fosse pelos pequenos medos.

Lutem contra o medo.

A depressão é um tipo de medo. Lutem contra ela também. Lutem. Lutem. A depressão é a impressão que o medo deixa. Lutem e vençam, e oh! Por Amor de Mim, por Amor de Meu Amor suave e infalível por vocês, lutem, amem e vençam.

Sorriam com indulgência. 21 de dezembro

Filhas, considerem cada momento como algo ordenado e Planejado por mim. Lembrem-se de que seu Mestre é o Senhor dos pequenos acontecimentos do cotidiano. Em todas as pequenas coisas, cedam à Minha gentil pressão em seu braço, parando ou avançando à medida que a pressão do Amor indicar.

O Senhor dos momentos, Criador da campânula e do enorme carvalho é mais suave com a primeira do que com o último.

Quando as coisas não ocorrer de acordo com seus planos, então sorriam indulgentemente um sorriso de Amor, e digam, como diriam para um humano amado: "Vá em frente, então", sabendo que Minha resposta de amor será tornar esse caminho tão fácil quanto possível para seus pés.

Pratiquem minha proteção. 22 de dezembro

Não temam o mal, porque Eu venci o mal. Ele só tem o poder de ferir aqueles que não se colocam sob Minha proteção. Não é uma questão de sentimentos, é um fato comprovado.

Tudo que vocês devem fazer é dizer com segurança que, o que quer que aconteça, nada poderá ferir vocês, pois Eu já venci tudo. Filhas, tenham certeza do Meu Poder Vitorioso, não são somente nas grandes coisas da vida, mas também as pequenas. Saibam que está tudo bem. Tenham certeza dessa verdade. Pratiquem essa verdade. Estudem essa verdade até que se torne infalível e instintiva em vocês.

Pratiquem nas pequenas coisas, e então vocês descobrirão que o fazem fácil, natural, amorosa e confiantemente nas grandes.

A canção do mundo.   23 de dezembro

Abençoa-nos, ó Deus, nós Te imploramos,
e mostra-nos o caminho no qual Tu queres que andemos.

CAMINHEM Comigo no caminho da Paz. Espalhem a Paz, e não a discórdia, onde quer que vocês vão. Mas deve ser a Minha Paz, e nunca uma Paz trazida por alguma trégua com os poderes do mal. Nunca a harmonia, se ela vier da adaptação da melodia de sua vida ao espírito e à música do mundo.

Meus discípulos cometem tantas vezes o erro de pensar que tudo deve ser harmonioso. Não! Não quando para isso precisarem cantar a música do mundo.

Eu, o Príncipe da Paz, disse que vim "não para trazer a Paz, mas a espada".

Ele está vindo.   24 de dezembro

Nosso Senhor, estás aqui.
Faze com que sintamos a Tua proximidade.

S IM! Mas lembrem-se de que a primeira homenagem deve ser como a dos Magos no estábulo em Belém. Não é como Rei e Senhor em triunfo Celestial que vocês devem me adorar primeiro, mas entre os mais humildes, despido da pompa do mundo como eles.

Desse modo, para os humildes, a adoração com humildade — o bebê de Belém — deve ser a primeira homenagem.

Em seguida vem a adoração do arrependimento. Como pecadoras terrenas, vocês estão Comigo no Jordão, sendo batizadas por João e Me adorando como o Amigo e o Servo dos pecadores.

Meditem muito em Minha Vida. Caminhem ao Meu lado. Compartilhem-na Comigo. Humildade, Serviço, Adoração, Sacrifício, Santificação, todos são Passos na Vida Cristã.

O bebê de Belém. 25 de dezembro

A JOELHEM-SE diante do Bebê de Belém. Aceitem a verdade de que o Reino é para os humildes e simples.

Tragam a Mim, o Cristo criança, seus dons, verdadeiramente os presentes dos mais sábios da terra.

O *Ouro* representa seu dinheiro.

O *Incenso*, a adoração de uma vida consagrada.

A *Mirra*, seu compartilhar de Minhas dores e das do mundo.

"E Lhe trouxeram presentes: ouro, incenso e mirra."

Saúde e prosperidade. 26 de dezembro

Não temam, pois a saúde e a prosperidade estão chegando para vocês duas. A Minha prosperidade, que é suficiente para suas necessidades e para a Obra que Eu quero realizar.

Vocês sabem que Meus discípulos não devem guardar nem ostentar dinheiro, como alguns definem a prosperidade.

Na jornada através desse mundo, busquem simplesmente meios de fazer a Minha Vontade e a Minha Obra. Nunca guardem nada que não estiverem usando. Será que vocês conseguem Me imaginar acumulando Meus tesouros? Nunca façam isso. Confiem em Mim.

Guardar para o futuro é *temer* e duvidar de Mim. Abandonem toda dúvida em relação a Mim de uma vez por todas. Vivam na Alegria de Minha constante presença. Submetam-se a Mim a cada momento. Realizem cada tarefa, por mais humilde que seja, como se fosse Minha ordem gentil, e façam-na para Mim e por amor de Mim. Vivam assim, amem assim, trabalhem assim.

Obra gloriosa. 27 de dezembro

Eu já libertei vocês de muita coisa, para que sua vida seja realmente uma vida de bem-estar. Assentem cada pedra de uma vez sobre uma firme fundação; essa pedra é seu Mestre, essa pedra é Cristo.

Uma vida de disciplina e uma alegre plenitude as aguardam... Nunca percam de vista a obra gloriosa para a qual foram chamadas.

Não deixem que a riqueza e a comodidade as tirem do Meu caminho sobrenatural sobre o qual seus pés estão plantados. Amem e Riam. Confiem e orem. Cavalguem agora para a vitória, montadas em humildade e amor.

Sinais e sentimentos. 28 de dezembro

*Nosso Senhor, Tu estás aqui.
Permite que sintamos Tua proximidade...*

Eu estou aqui. Não se baseiem demais em *sentimentos*. Pedir demais para sentir é o mesmo que pedir um sinal, e então a resposta será a mesma que Eu dei quando estava na terra: "Não vos será dado outro sinal a não ser o do profeta Jonas... Pois assim como Jonas ficou três dias e três noites... assim estará o Filho do Homem três dias e três noites no seio da terra."

A visão é velada para o incrédulo. Para o crente, o véu é somente temporário e será seguido pela gloriosa ressurreição...

O que importa o que vocês sentem? Importa é quem Eu sou, fui e serei para sempre para vocês: um Senhor

Ressuscitado... A *sensação* de que estou com vocês pode depender de qualquer humor passageiro de sua parte, de uma mudança nas circunstâncias ou de uma mera bagatela.

Eu não Me deixo influenciar pelas circunstâncias... Minhas promessas são mantidas. Eu estou aqui e sou Um com vocês em amizade suave e amorosa.

Trabalho e oração.   29 de dezembro

O TRABALHO e a oração representam as duas forças que assegurarão seu sucesso.

Seu trabalho e Meu trabalho. Pois a oração, a oração da fé, tem base na certeza de que *Eu* estou trabalhando para vocês, com vocês e em vocês.

Avancem com alegria e destemor. Eu estou com vocês. Sua tarefa pode ser impossível para o homem, mas para Deus, todas as coisas são possíveis.

Pescadores de homens.   30 de dezembro

QUANDO vocês pensam naqueles que estão angustiados, será que alguma vez refletem sobre como Meu Coração deve doer com o sofrimento e a angústia deles?

Se Eu lamentei a cidade e chorei por ela, quanto mais não devo chorar pela agonia desses corações perturbados, pelas vidas que buscam a vida sem Meu Poder Sustentador.

"Eles não vêm a Mim para que tenham Vida."

Vivam para trazer outros a Mim, a única Fonte de Felicidade e Paz para o coração.

Jesus, o vencedor. 31 de dezembro

JESUS. Esse é o Nome pelo qual vocês vencerão. Jesus. Não como suplicantes servis, mas como aquelas que Me reconhecem como amigo e pronunciam Meu Nome: Jesus. "E lhe porás o nome de Jesus, porque ele salvará o Seu povo dos pecados dele."

E por essa palavra "pecado" não entendam somente vício e degradação, mas dúvidas, medos, cóleras, depressão, impaciência, falta de Amor nas grandes e pequenas coisas. Jesus. "Ele salvará o Seu povo dos pecados dele." A própria pronúncia do seu Nome ergue a alma acima das pequenas contrariedades do vale para o alto das montanhas.

"Ele salvará o Seu povo dos pecados dele." Salvador e Amigo, Alegria e Libertador, Líder e Guia, Jesus. Vocês precisam de livramento da covardia, de circunstâncias adversas, da pobreza, do fracasso e da fraqueza?

"Não há outro Nome... pelo qual podeis ser salvos" — *Jesus*. Pronunciem-no freqüentemente. Clamem pelo Poder que Ele traz.

Impressão e acabamento:

tel.: 25226368